閱覽箚記

李榮炎・著

序《閱覽劄記》

2005 年九月，由住了近五十年的台中依親遷來台北，居於松山區的富泰里。我在台中住的是眷村，位於近山靠河的僻角處，環境清幽，遍地果林，是人們週日假期郊野踏青的場域，田園之樂，溢滿心頭。

北市富泰里屬民生社區，繁華鼎盛，輻輳遠近，是個四方人物薈萃之處，舉凡所需，無論精神、物質的咸皆豐盈充裕。台北是個國際都市，「101」大樓榮登世界最高，延續了好一段時日。生活於斯，回首前塵的顛沛流離，這一生中夢寐之所求，居然不意中在此達到，幸何如之。

服役公職大半生，退下後整個時間都是自己的，閒暇到不行，圖書館就在隔壁，去那裡閱讀，台大教授鄭因百（騫）所著《龍淵述學》：「民國六十一年（1972）夏，自美返國，端居多暇，爰取平日論時談藝之所見，讀史考據之所得，或書於小冊中或記於日曆上者，共若干條，畧加詮次，彙錄成篇，以誌微勤，且消永日。」幾年下來，初稱永嘉札記，其後名龍淵里日鈔。他過世後，由其學生何寄澎博士成書發行，成為一部暢銷著作。

「錢鍾書的大量中文筆記和讀書心得，作於上世紀三十至九十年代，其中除了極小部份外文筆記是打字機打的，其餘全是手寫。」已印行《錢鍾書容安館札記》三巨冊，見於 2008 年 11 月出版之《聽

楊絳談往事》一書的 368 頁。私衷仰慕前賢，乃將《閱覽箚記》付梓。

　　故鄉大陸廣東茂名市，2006 年出版《花飄寶島》專輯（茂名市政府台灣事務局局長吳華主編），附錄「旅台人物」的成就事蹟，我被以作家見稱，彙列我的出版刊物及榮獲多次徵文入選獎勵。

　　本書是我印發的第十二本。第一本《千層浪》，1983 年面世，名家沈謙以〈平凡之中見真情〉為我作序。第二本《時光倒流》1985 年出版，中興大學文學院長胡楚生博士以〈關懷與愛心〉寫於前端。第八本《如坐春風》2000 年詩人作家秦嶽以《筆耕樂無窮》作賀。

　　《箚記》收文二十四篇，前十八篇是讀書札記，有好些在文學季刊中登載過。後六篇前三篇是隨筆，一篇是遊記，二篇是附錄。附錄二是廣東高州頓梭中學的一位陳躍老師寫的，他憑考試一級一級的向前求進，讀了我的〈三度應考記〉有感於心掇成本文。隨筆均見於「興大（中興大學）通訊」。

　　中華文化源遠流長，古籍卷帙浩繁，永遠是我們的瑰寶。古籍經過今譯今注，名為「中國名著選譯叢書」，錦繡出版事業公司印行，我讀的皆本於此。概括地說一般都可閱讀。個人摘敘成篇出版，冀望貢獻微薄於社會。區區學養淺薄，定有許多詮釋不達理想之處，敬祈方家指導。

李榮炎

2010 年 10 月於台北

目　次

序《閱覽箚記》 I

《史記》戰國四公子 1

〈賈誼、司馬相如文〉 13

《史記》刺客列傳：豫讓 17

〈短歌行〉曹氏父子的「同題」詩 21

「千里無雞鳴」與「千里無人烟」──讀曹氏父子的兩首詩... 25

《諸葛亮文》十篇 29

《謝靈運、鮑照詩》 39

《搜神記》十篇 49

《六朝志怪小說》三篇 59

詩的鮮度──李白、杜甫、趙翼三家詩 63

《元稹、白居易詩》 71

〈遣懷〉與〈贈別〉──讀杜牧的兩首詩 77

《唐五代筆記小說》十則 81

《宋代筆記小說》十則 91

《宋代傳奇》三傳 99

《萬曆十五年》 109

《黃宗羲詩文》 123

四讀《異鄉人》 137

迅捷的急才 157

文章的品題 161

愛心廣被 165

湛江六日行 167

【附錄 1】俟諸來日 173

【附錄 2】讀《步到旅途邊緣》 175

《史記》戰國四公子

一、齊：孟嘗君

　　孟嘗君，姓田，名文。他的父親叫靖郭君田嬰，是齊威王的么兒，也是齊宣王的異母弟。宣王三年，田忌和孫臏、田嬰一同討伐魏國，在馬陵（今河北）擊敗了魏國大軍，俘虜魏太子申，並殺了魏國將領龐涓。田嬰在齊國當了十一年的宰相，宣王死了，泯王即位。第三年，封田嬰於薛（今山東）。

　　田嬰有四十多個孩子，他有位卑微的妾生了一個兒子，名叫文，是五月五日出生的。田嬰曾對她說：「不要養他！」可是，她卻偷偷的將這個嬰孩撫養長大。後來她叫他跟著兄弟去看父親田嬰。田嬰斥責他的母親，說：「我教妳不要養這個小鬼，妳為什麼還是撫養他？」

　　田文便向父親叩頭，問道：「您到底為什麼不養五月節生的孩子？」田嬰回答說：「五月節出生的孩子，長大後長到與門戶高，男害父，女害母！」田文說道：「這是門戶之見，無憑的。」

　　有次田文與其父親閒談中，問到其父無言以對，田文乘間說：「您在齊國受重視，當了宰相，經歷三位君王，齊國疆域未見拓展，但是，您私人富累萬金，幕僚之中一個賢人都沒有。我聽說『將門必有將，相門必有相。』現在您後宮的人身履縐紗細綾，可是一般才士，連粗服也不得穿，您家的僕妾有剩餘的飯菜食肉，而一般才士，竟連精糠

都吃不飽。現在您還盡力積蓄貯藏，卻忘掉國家的政事一天比一天敗壞，我真覺得好奇怪呢。」

聽完這番話，田嬰幡然動容，盡棄前嫌，非常厚愛田文，派他主持家事，接待賓客。從此賓客一天比一天加多，田文的名聲也逐漸傳聞於諸侯之間。

田嬰死後，諡為靖郭君，而田文果然在薛即位，他就是孟嘗君。他延攬諸侯的賓客，和一些犯罪逃亡的人。散盡家財，天下才士非常仰慕他，擁有食客數千人。

齊湣王二十五年，被派往秦國去，秦昭王拜他為宰相，因為受讒，旋而免職囚禁，打算把他殺掉。危急之下，冒昧向昭王寵姬求救，她提出條件，說：「我想要孟嘗君那件白狐裘。」這天下僅有價值千金的白狐裘，於初到秦國時，已獻昭王了，這怎麼辦呢？集合其隨行之士研商，有一位能像狗一樣偷東西的，說：「我能為您偷到那件白狐裘。」

於是在夜晚扮成狗的模樣進秦宮府庫偷回，獻給昭王的寵姬，她盡在昭王面前說孟嘗君的好話，果然被釋放了。他死裡逃生，連忙飛馳離去。趕到函谷關（今河南），昭王忽然後悔釋放叫人找他，可是已走掉了。隨即派人追趕。孟嘗君到了函谷關，照法必須雞鳴時候才能放行，真是著急，他賓客之中，有個人能學雞叫，當下叫了幾聲，所有雞此起彼落啼叫了起來，他們一夥人終於出關去了。過了頓飯時刻秦兵果然趕到函谷關，眼看沒趕上只好回去。

當初，孟嘗君收留會雞鳴、狗盜二人做賓客時，賓客們皆覺得是一種恥辱，如今依此二人才能脫險，都非常佩服孟嘗君的識人能力。

原先，有個穿著草鞋的馮驩來到孟嘗君門下當食客，因食無魚、出無車、無以養家次第彈劍說要歸去，孟嘗君皆依次滿足了他，他就不再說什麼了。那時，孟嘗君當齊國的宰相，封於薛國，食客有三千人，收入不足開支，孟嘗君便向薛國人放債收利息好補貼家用，選人前去收取卻找不到，有人建議馮驩可用，當出發時馮問主人債收完了買什麼帶回？孟嘗君說看我家缺少的。

馮驩到薛，集合借債核對單據後隨即燒燬，矯命說債不須還了，薛民三呼萬歲旋便回歸。孟嘗君怪其何如此之快，並問買了何物回來。馮說君宮中積珍寶、狗馬、美人無一或缺，所缺的是個「義」字，我為您帶回來了。

過了一年，孟嘗君被齊王免職，只好回歸薛國，未至百里，民扶老攜幼迎於道中。孟嘗君顧謂馮驩曰：「先生所謂為我買義者乃今日見之。」馮驩說：「狡兔有三窟，今只一窟耳，我將為您再營二窟，才算安全。」帶了厚禮，西說於秦，被聘為秦宰相，齊王聞了驚恐萬分，向孟謝罪回復原職，又增加了千戶封地給他。（依《古文觀止（戰國策）》西向魏不是秦，諼不是驩。）

二、趙：平原君

平原君趙勝，是趙國的一位公子。在所有的公子裡面，就算他最賢能了，他又喜歡延攬賓客，以致於門下的賓客有好幾千人。

他曾擔任趙惠文王，和孝成王的宰相，一生當中，三次離開宰相職位，又復職三次。他的封邑在東武城（今山東武城縣西）。

　　平原君的樓房靠近老百姓的住家，有個跛子一天拖著蹣跚的腳步去打水，平原君家樓上有個美人，看到這情景就大笑了起來。第二天，跛子登上平原君家門，要求說：「我聽說你很愛才，才不辭千里來依附您，是因為您能夠尊崇他們，而您後宮有位美人在樓上竟笑我拖著蹣跚腳步去打水，我要那笑我的人頭。」平原君聽完後，笑著答應：「好的。」虛應了事。

　　過了一年多，平原君門下賓客和左右親近，有一半以上的人漸漸離他而去。平原君感到奇怪，就說：「我趙勝對待門下賓客，從沒有失禮的地方，為什麼有這麼多人要走呢？」

　　當時門下有個人走上前說：「這是因為您沒殺掉那位譏笑跛子的美人。」於是平原君立刻砍下那譏笑跛子的美人，親自登門送給跛子，並且再三謝罪。從此之後，門下賓客才逐漸回來。

　　趙惠文王九年，秦兵包圍趙都城邯鄲（今河北成安），趙王就以平原君為使者赴楚求救，平原君決定在他門下的食客中，選有勇力、文武兼備的二十個人組團前往，對他們說：「我們最好能完成任務，聯合抗秦，不然只好在他們宮裡歃血盟誓合縱回來。」

　　挑來挑去，終於找到十九個人，可是還少一個。突然門下有個食客，叫毛遂的，走到平原君面前，自我介紹說：「我毛遂聽說您將去楚國締結盟約，聯合抗秦，決定跟您們前往，希望允許我補這個缺，以便成行。」

　　平原君感到莫名其妙，問：「您待我門下有多久了？」毛回答說：「已經三年了。」平原君聽完激動地說：「一個賢能之人活在世上，就好像鐵錐放在袋子裡面，尖銳的地方馬上會穿露出來。您待我門下三年，沒人稱讚您，我也毫無傳聞，可見您沒何才能的。」

　　毛遂回答說：「今天，我是來求您試著把我放進袋子裡面的呀。要是我老早就有被放在袋子的機會，就可脫穎而出，不只是鐵錐尖銳地方穿露出來而已！」平原君聽完就答應了他，讓他同行。其他十九人不吭聲，相看互笑。

　　在往楚國的行程中，毛遂與大家論議不止，將到楚國邊境的時候，獲得了十九人的佩服。到了楚國，平原君和楚王商量聯合抗秦的事，從早到午，沒有結果，十九人推毛遂上去說說看。於是毛遂按著劍，急速拾階而上，對平原君說：「有關合縱的利害，兩句話就可以決定的事，今天從早到午還沒決定，是何原因呢？」

　　楚王問平原君說：「那位客人是來做什麼的？」平回答說：「他是我的隨從。」楚王叱道：「快給我下去！我給你主人談正事，你來打什麼岔呀！」毛遂按著劍一個箭步走到楚王前面，說：「大王您之所以叱我毛遂，是仗恃楚國強大的威勢。現在，十步以內，您再也沒法仗恃楚國強大的威勢了，您的生命就操在我毛遂的手中。我聽說商湯以七十里統治天下；周文王以百里土地號令諸侯。目前，楚國擁地五千里，百萬雄師，與秦國屢戰屢敗，國將不保，秦是你們百代不解之仇，大王卻不引以為恥。合縱，完全是為了楚國，並非為趙國的。」

　　楚王聽完，臉色乍變，和悅地說：「是！是！您說的對極了！對極了！我願以整個楚國跟趙國聯合抗秦。」隨即歃血為盟，表示誠意。

　　平原君辦完合縱，回到趙國，感慨地說：「我再也不敢以外表的貌相來取人了。毛先生一到楚國，使趙國的地位，比九鼎、大呂還要貴重。毛先生憑三寸不爛的金舌，勝過百萬兵隊。我再不敢以貌取人了。」於是拜毛遂為上客。

相繼來的，楚王派遣春申君帶著兵隊來救趙國，魏國信陵君也假裝魏安釐王的命令，取得晉鄙的兵權，前來救趙國。秦兵潰散而去，終於保住了邯鄲城。

三、魏：信陵君

魏公子無忌，是魏昭王的小兒子，也是魏安釐王同父異母的弟弟。昭王死後，安釐王即位，封公子無忌為信陵君。

公子無忌的為人，仁慈而且謙讓。士不論賢能與否，他都能謙恭有禮的和他們結識交往，不敢因為自己的職位高貴就對士人傲慢。因此周圍數千里的士人，都爭先恐後來歸附他，招致的門客多達三千人。

有一天，公子無忌和魏安釐王在下棋，忽傳來趙將由北方來入侵的消息，釐王不安，想停止下棋，公子無忌勸止說，趙王是打獵，不是入侵，證實果然。安釐王問公子何以先知，公子說我的門客中，有打聽到趙王秘密的人。從此以後，安釐王畏懼公子無忌的賢能，不敢把國家大事叫他負責處理。

魏國有個隱士，名叫侯嬴，七十歲了，生活貧窮，當大梁城東門看守城門的小吏。公子無忌知道了，去慰問，不接受，於是辦了酒席，大會賓客。等到大家坐好之後，公子帶著隨從車馬，空著車上左邊的座位（古代乘車以左面為尊），親自迎接看守東門的侯先生。侯整理整理舊衣服、帽子，逕自上車去，坐在尊位不辭讓，以考驗公子的誠意，只見公子無忌拉著控馭馬的韁繩，更加恭敬。侯嬴又告訴公子：「臣有

個朋友在市場裡，希望您委屈您的車馬隨從，跟我一道去拜訪他。」侯嬴下車去見他的朋友朱亥，顧盼自得的，故意站著和朱亥談話很久，來偷偷觀察公子的反應。只見公子臉色更為溫和。這個時候，在公子無忌的府中，魏國將相宗室賓客滿滿一堂，就等公子回往開宴；街上的人們都好奇觀看公子握著轡頭等候，無忌的隨從沒有不暗罵侯嬴的。侯嬴看公子臉色始終不變，才告辭朱亥，回到車上。

回到家裡，公子無忌領著侯嬴坐上座，一一介紹賓客給侯嬴認識，賓客們對此都很驚訝。宴畢侯嬴告公子說，我今天為難公子。是要成就公子愛士的名聲。散了酒宴，侯嬴也終於成為公子的上賓。

侯嬴告訴公子無忌說：「臣下拜訪的屠夫朱亥，是個賢才；世人不了解他，因此才隱藏在市井屠夫之間的。」

魏安厘王二十年，秦昭王派出的軍隊，已經擊破了趙國駐防長平的守軍，又繼續進兵圍攻邯鄲城。公子無忌的姐姐是平原君的夫人，好幾次叫人送信給魏安厘王和公子，向魏國請求救兵。魏安厘王派將軍晉鄙領軍十萬去援救趙國，受到秦昭王的恐嚇，魏安厘王心中害怕，派人通知晉鄙，停止進軍，駐守在鄴這個地方，實際是腳踩兩頭船，採取觀望的態度。

公子無忌憂慮這件事，不但自己好幾次去請求魏安厘王出兵救趙，也叫賓客辯士想盡各種理由去勸說，但魏王害怕，不聽公子的建議。公子自忖，一定不能得到魏王的允許，打算不獨活而讓趙國滅亡，於是請賓客們湊合一百多輛的馬車，想要同賓客們去抗拒秦軍，自我犧牲和趙國共存亡。經過東門時，見到侯嬴，公子無忌詳細告訴他準備如何死戰秦軍的情形，說完就分開了。走了幾里路心中不快，自說我對侯

先生的禮很周到啊，他為何沒有一言半語送我呢？於是又帶著車馬回來問侯嬴。

侯嬴笑著說：「臣下本來就知道公子會回來的。如此的去和秦軍拼命，就同投肉給虎，沒有用處！」於是支開眾人，悄告公子：「我聽說晉鄙的兵符，常放在國王的臥房裡，而如姬最得國王的寵愛，一定能夠偷到它。如姬有殺父的仇人，您把她仇人的頭獻給她，請她偷兵符，一定可以辦到。兵符到手，奪取晉鄙的軍權，救趙抗秦，這是五霸的功業啊！」

無忌依言而行，屠夫朱亥受侯嬴之薦同去。到了鄴城，公子假傳魏王的命令，想取代晉鄙的職位。晉鄙核對兵符，表示懷疑，打算不聽從。朱亥便把藏在袖子裡的四十斤鐵錐，擊殺了晉鄙。無忌統領晉鄙軍隊，整飭士兵，下令給軍中說：「父子都在軍中服役的，父親可以回家；兄弟都在軍中服役的，兄可以回家；沒有兄弟的獨子，可以回家去奉養父母。」得到挑選過的精兵八萬人，進兵攻擊秦軍。秦國的軍隊退走了，公子無忌終於解救了邯鄲的危急，保存了趙國。

魏安釐王怨恨公子盜走他臥房的兵符，假傳命令殺了晉鄙，公子也自己知道這些，所以既退秦兵，保存了趙國以後，便派將軍帶領他們的軍隊回到魏國，公子和賓客獨留在趙國。過了十年，秦國聞說公子在趙並未回歸，日夜出兵向東攻魏，魏王惶恐，派使者往趙請公子回來，而公子恐魏王怨恨未消，於是告誡門下賓客，有膽敢替魏王使者來通報的，殺無赦。賓客們都是背棄魏國跟從公子來趙的，因而沒人敢勸公子回國。

毛公、薛公兩人去見公子說：「公子所以受到趙國尊重，聲名遠播於諸侯的緣故，那只因為還有魏國存在。假使秦國攻陷大梁（今開封），又

剷平了魏國先王的宗廟，公子有何面目立足於天下呢？」話還沒說完，公子無忌臉上立刻變了顏色，吩咐趕快備好馬車，回去救魏國。魏王見到公子，彼此相對哭泣，把上將軍的印信交給公子。公子於是領軍備戰。

魏安釐王三十年，公子無忌派使者把自己擔任上將軍職務的事情，遍告諸侯；諸侯各國各派將軍帶兵馬來救魏國。公子於是統領齊、楚、趙、韓、燕五國的兵馬，在黃河的南方打敗秦軍，擊退蒙驁，乘勝追擊直到函谷關，使秦軍不敢再出關來。在這個時候，公子無忌威名震動天下。諸侯各國的賓客呈獻兵法給公子看，公子都提上自己的名字，當成自己的著作，所以世上一般人稱為魏公子兵法。

四、楚：春申君

春申君，楚國人，姓黃名歇。因外出游樂，掩博洽聞，在楚國頃襄王朝為官。頃襄王以黃歇有辯才，派他出使秦國。因其時秦昭王已命大將白起進攻韓、魏，活捉了魏大將芒卯，韓、魏只好降服。稍後秦昭王正要命白起與韓、魏共同伐楚，楚國聽到這個消息，即派黃歇使秦。黃歇看到楚懷王為秦所誘而入朝奉王，終於死於秦國，而頃襄王，就是懷王的兒子，秦國又輕視他，深怕一下被滅了，所以黃歇上書秦昭王，說明攻打楚國為不智之舉。他說：「天下最強盛的國家就是秦楚二國，現聽大王想去伐楚，好比兩隻猛虎爭鬥，受其弊弱獲利的，是駑劣的馬和狗啊（指韓、魏）！如此就不如善待楚國了。我試分析箇中道理：所謂物極必返，冬天到了最冷的時候，就會漸漸回暖，夏天到了最熱的時候，

就會漸漸回返寒冷，積累到無法再高的時候，那就會發生危險，累棋子就是一個很好的例子。現在秦國是一個大國，土地幾遍天下，並擁有天下西北的二邊陲，這種情形，是自有人民以來，一個能出萬輛兵車的國家所不曾有的啊。詩經上說：「大軍不遠跋涉攻伐」。由此看來，楚國乃是秦國的後援力量，其餘的鄰國，才是秦國的敵人呢！

「再說以大王土地的廣博，人口的眾多，兵甲的強盛，一舉兵就和楚國樹敵結怨，乃令韓、魏將帝王的重位歸送於齊，這是大王的失策啊！」

秦昭王看了春申君的上書後說：「好極了。」於是就命令白起停止出兵，派臣以厚禮出使楚國，相約友好。楚君隨即派黃歇與太子完到秦國作人質。數年之後，楚頃襄王患病，秦王竟不許太子回去探病。適巧楚太子與秦國的宰相應侯是好朋友，黃歇向應侯請問說：「今楚王患病無法好轉，秦國不如送回他的太子。太子能立為楚君，他奉秦必特厚；如不能回國，他不過是咸陽城的一個平民罷了。楚國如另立太子，一定不再服侍秦國，輕易先去與國，失策莫過於此啊！」

應侯把這事稟告秦王，秦王說：「使楚太子的師傅（黃歇）先去問楚王的病，回來再議。」黃歇向太子獻計，由太子扮成黃歇回楚，待出關遠了秦兵追不及時再向秦王告稟，秦王暴怒萬分，要殺黃歇。應侯說：「歇為人臣子，寧願為其主人而以身死，太子能立為楚君，一定重用黃歇，不如不加罪，使他回楚，以作為楚國親信。」秦王便把黃歇遣送回去了。

黃歇回楚三個月，楚頃襄王就死了。太子完立為楚君，他就是考烈王。考烈王元年，用黃歇為相國，並封他為春申君，賞賜淮北十二縣的土地。春申君做了楚國的宰相，門客有三千人。齊國有孟嘗君，趙國有平原君，魏國有信陵君，大家都在爭著禮賢下士，招請賓客，

互相傾覆攘奪，輔助國家，把持政權。春申君為楚相的第四年，秦軍攻破了趙國的長平，並且俘擄了四十萬趙軍。第五年，秦國圍攻趙國的國都邯鄲。邯鄲向楚國告急請援，楚國就派春申君前往救援，秦兵離去後，春申君就回到楚國來。春申君相楚的第八年，為楚北伐，滅了魯國，用荀卿為蘭陵縣令，這個時候，楚國又強盛了。

　　春申君相楚的第二十二年，諸侯聯合攻秦，春申君當權主事，事敗歸罪，楚王疏遠了他。其下有位門客叫朱英的，對春申君說：「您為楚相已經二十多年了，名分上是相國，其實就是楚王，今楚王病重，如有不測，您就是宰輔少主的人，代少主執政，而少主母舅李園怨恨您如仇敵，他要掌權必殺您滅口，他養死士多時，楚王死，李園必先行入宮，到時我替您把李園殺掉以除禍根。」春申君說：「李園是個柔弱的人，我一向對他很好，他做不出這事的！」這之後過了十七天，楚考烈王死了，李園果然先行入宮，埋伏武士殺了春申君，把他的頭割下來，投擲在宮門外邊，隨即派遣吏卒把春申君的家人全部殺光。

　　這一年，秦始皇即位已九年，嫪毐也為亂於秦國，被發覺後，殺了他的三族，而這時的秦相呂不韋也被廢棄了。

五、結語

　　我為看閱《史記》，到台北市民生圖書館商借，蒙在別館調來，卻是兒童版繪圖的。媳張新華說：「該書我家購有，名曰『白話史記』」，遂得詳讀。

　　《史記》，是漢武帝時的司馬遷作的，司馬遷自號太史公，他在每一篇後都有評結，稱作「太史公說」，我分別臚列如後。

1. 孟嘗君：「我曾經到過薛國舊址，就那地方的民俗來看，鄉里的子弟大多是暴戾強悍，這跟鄒、魯兩地的情況是不同的。我打聽原因，說是：『孟嘗君延攬天下任俠的賓客，而雞鳴狗盜之徒隨著到薛國來的，大概有六萬多戶人家。』世上傳說孟嘗君自以好客為快樂，真是名不虛傳啊！」

2. 平原君：「平原君是一個風度文雅的，在混亂時代的好公子，可惜他不曉得大體，俗語說『利令智昏』，偏信邪說，使趙國在長平一戰中，失掉大兵四十多萬人，邯鄲城也幾乎為他而亡。」

3. 信陵君：「我路過大梁的故城，向人打聽所謂夷門，原來夷門就是城的東門。天下的諸公子也有好客的，但像信陵君的交接山居穴處的隱士，不惜降低身分去和他們當朋友，寔在是有道理的啊！他的聲名能夠超過諸侯國諸公子，並非虛傳。漢高祖每次經過時，總要百姓不斷地奉祀他的。」

4. 春申君：「我到了楚國，看見春申君的故鄉，宮室的建築，非常的盛美。起先，春申君勸說秦昭王，以及獻身為主並派人遣送楚太子歸國，是多麼明智的舉措啊！後來反而受制於李園，又是如何的昏耄，俗語說：『當斷不斷，反受其亂』。這不就是春申君不採用朱英諫言的說法嗎？」

〈賈誼、司馬相如文〉

一、賈誼

　　少年時讀學塾，以《古文觀止》作教材，受教其中不少的篇章。蘇軾寫的〈刑賞忠厚之至論〉是他會考試題，力主「罪疑從去，功疑從與」，也即有疑問：「難定可罰或不罰的，不罰；難定可以賞或不賞的，賞！」因為不該罰的，罰了，流於殘忍刻薄；不該賞的，賞了，仍不失為仁人君子。說理明確，緊扣主題，都是「忠厚之至」，甚得主考官歐陽修的賞識而進士及第。

　　「對於罪行有疑問的，按照無罪處理；對於功勞有疑問的，就按照有功的獎賞！」是出自賈誼〈大政〉篇的主張，並非蘇軾的創見。此種認知，是近期讀《中國名著選譯叢書—賈誼、司馬相如文》始聆悉的。

　　賈誼是漢初洛陽人，年輕時就以才氣聞名鄉里。十八歲那年，因為誦《詩》、《書》，擅寫文章而揚名郡中，被河南郡吳公召至門下，作了郡守的門客。大約在二十二歲時，漢文帝劉恒繼皇帝位，下詔徵吳公作廷尉，吳公向文帝荐舉賈誼，於是文帝召賈誼為博士。

　　賈誼〈大政〉篇原文：「夫罪也者，疑之則附之去已；夫功也者，疑之則附之與已。」那就不會沒有罪的被罰，有功的失賞的錯失了。

　　《中國名著選譯叢書》選賈誼〈過秦論〉等二十三篇，附〈弔屈原賦〉等三篇，每篇均附注釋與語體文譯述。〈過秦論〉是賈誼名作，

氣勢磅礴雄偉，層層疊疊，論說秦種種權勢，擺佈諸侯各國使之入朝稱臣，歷時一百餘年，然後陳涉一個人起事便喪天下，其過為何？仿若畫龍點睛，以最後一句「仁義不施，而攻守之勢異也」總結。

二、司馬相如

司馬相如字長卿，小名犬子，蜀人，慕藺相如之為人，更名相如，得遊學長安及與名師、名士交往，作〈子虛〉之賦獲漢武帝讚賞，文名大著，任他為官，派其出使巴蜀，施行教化，作〈喻巴蜀檄〉，終使打開了西南夷的道路。

《譯叢》選司馬相如的〈子虛賦〉、〈上林賦〉、〈長門賦〉、〈封禪文〉等十篇，其中的〈長門賦〉始見於梁太子蕭統編輯的《文選》。據賦前的序文介紹：當陳皇后失寵於漢武帝，於是托人以黃金百斤囑託司馬相如，請他撰文以祈感漢王回心。

作者司馬寫下的文，以一個宮廷女子為題，描寫她失寵後的寂寞和哀傷。賦中以黃昏，夜半的月光，白鶴的哀叫，喧染她的痛苦心情。又以宮廷的壯麗，景物的珍美，鳥獸的成雙結對，來反襯她的孤獨感。她時時佇立在院中，看月亮、星星，夜不能寐，在孤寂中還懷著再蒙君恩的夢想。

黃金有價，陳皇后果復得親幸。

司馬相如第二次出使巴蜀，到成都，蜀太守以下郊迎，蜀人以他為榮。往時看不起他的岳父卓王孫也改變了態度，分他妻子卓文君的

財產與男等同。他不僅是漢武帝的文學近臣，而且還是內外經營政策的執行者。

武帝元狩六年（前 117），年已五十八歲的司馬相如正走著最後的旅程。他此時只牽掛著一件事——勸諫武帝著手「封禪大典」，於是留下一卷書，囑託妻子給使者轉呈漢武帝。

「封禪」是古代最隆重的國家大典，它不但顯揚國威，同時標誌著君權神授，因此極受重視。漢王朝至武帝中葉，經歷了近九十年的休養生息，國力已十分強大，君臣上下都認為到了可以舉行封禪大典的時候，乃啟導了司馬相如向武帝上書。

全文情意懇切，甚符合當時國情民心，對漢武帝有一定的影響。至公元前一一〇年，漢武帝終於舉行了封禪大典。《千字文》中，有「嶽宗泰岱，禪主雲亭」句，註解何謂「封」？封是祭天；何謂「禪」？禪是祭地。封在泰山，禪在泰山附近的雲山、亭山、梁山。

三、對賈、司馬的評價

蘇軾寫〈賈誼論〉，見於《古文觀止》中，評「賈生志大而量小，才有餘而識不足」。譯叢論賈誼文，其突出特點，有一股強烈氣勢。明人方孝儒說其「深篤有謀，悲壯矯訐。」民國魯訊稱賈誼和晁錯的散文為西漢鴻文：「沾溉後人，其澤甚遠。」

司馬相如文才、武畧兼具，兩次出使巴蜀，開通西南夷，表現他的政治才幹，說明他並非是一個沒有頭腦的風流才子。

　　「文章西漢兩司馬」，指的是司馬遷和司馬相如，是班固的傳贊，從文章寫作方面把二人並提，獲相當一部分人的共鳴。魯迅指出：「武帝時文人，賦莫若司馬相如，文莫若司馬遷。」確有他的見地。

《史記》刺客列傳：豫讓

一、原文

　　豫讓，晉國人，從前曾經先後臣事范氏和中行氏，但並不知名。他離開了去替智伯做事，智伯很尊重信任他。等到智伯攻伐趙襄子，趙襄子與韓、魏聯合起來，滅了智伯。滅了智伯之後，他們就三分智伯的土地。趙襄子最怕智伯，所以漆了智伯的頭顱，當成酒器。

　　豫讓逃到山中，自己這樣的說：「唉！士人當為知己者死，女當為悅己者容。智伯知遇我。我必須為他報仇而死，來報答他的厚愛。如此我死了，魂魄才可以不愧對他。」由而改換姓名，扮做一個犯罪受刑的奴隸，進入趙襄子宮裡，在廁所中做塗飾粉刷的工作。身上帶著短劍，想趁機刺趙襄子。趙襄子到廁所來，突然心驚肉跳，就命左右捉住審問那塗飾廁所的奴隸，就是豫讓，身內藏著短劍，說要為智伯報仇。趙襄子左右的人都要殺他，襄子卻說：「他是個有義氣的人，我以後小心避開他就是了。況且智伯死了以後，沒有後代，他的臣子想為他報仇，這是天下的好人啊！」結果放他走了。

　　過了不久，豫讓又塗漆使身體長滿惡瘡，吞炭使聲音變成沙啞，使自己的形狀不能被人辨認出來。他在市上行走求乞，連他的妻子也不認識他了。走去見他友人，他友人辨認出是他，說：「你不是豫讓嗎？」豫讓說：「我是的。」他友人為他流淚說：「以你的才能，委身去侍奉

襄子為臣，襄子必會親近寵愛你的。等他親近寵愛你了，你便可以為所欲為，這樣還不容易嗎？為什麼定要殘害身體，苦變形狀？像這樣想去報復襄子，不是很麻煩嗎？」豫讓說：「既然已經委身事人做臣子，還想殺他，這便是存了不忠之心來侍奉他的君主。我這麼做雖然是很麻煩，但是所以要這麼做的原因，就要使天下後世的做人臣子，卻存著不忠之心去侍奉他君主的人，知道是可恥的啊！」

他走了之後，沒有多久，襄子預備外出，豫讓便藏伏在他所必當經過的橋下。襄子走到了橋邊，馬忽然驚跳起來。襄子說：「這必定是豫讓想刺殺我。」使人搜查，果然是豫讓。於是襄子就責備他說：「你不是曾經臣事過范氏和中行氏嗎？智伯通通把他們滅了，但你並不為他們報仇，反而委身效忠智伯為臣。現在智伯也已死了，為什麼你偏偏要替他這樣再三報仇呢？」豫讓說：「我侍奉范氏和中行氏，范氏和中行氏都以普通人對待我，我因此僅以普通人報答他們。至於智伯，他以國士待我，我因此要以國士報答他。」襄子不覺長嘆一聲。流下同情的淚說：「唉！豫子，你為智伯的事盡忠，已經成名了；而我對你的饒赦，也已至矣盡矣。現在只好你自己想個辦法，我不能再放你了。」便命衛士包圍豫讓。

豫讓說：「我聽說賢明的君主，不掩蓋人家的美德；而忠心的臣子，有為名節犧牲的道理。從前你已寬赦過了我，天下的人莫不稱頌您的賢德。今天的事情，我自應伏罪受誅，但還希望求得您的衣服，擊打他，來聊且表示我替智伯報仇的意願，如此雖死也不覺的憾恨了。這不是我所能希望得到的，只是我斗膽說出中心的話。」

於是襄子很為豫讓的義氣感動，便派人拿衣服給豫讓。豫讓拔刀跳了三下來刺擊它，說：「我可以報答地下的智伯了。」隨而橫劍自殺。死的那天，趙國志士聽到這個消息，都為他流下同情的淚。

二、結語

司馬遷的《史記》，貫穿經傳，廣及百家，纂述三代而下以至其當代的史事，為我中華民族保存了紀元前千餘年的歷史文化。台大教授台靜農暨全國各大學文學院等博學之士六十人，於民國六十八年（1979）分別把史記卷一至一百三十，用現代語譯述出版，名曰《白話史記》。「刺客列傳二十六」計列一、曹沫；二、專諸；三、豫讓；四、聶政；五、荊軻等五家，我選其中豫讓作闡述。

太史公說，這五個人論他們的義行，有成功，也有不成功的，但他們的立意都很顯明，不背棄他們立定的志向，聲名能夠留傳到後代，不是平白得來的。

明代大儒方孝儒作〈豫讓論〉，見於《古文觀止》中，說：「有道德之人置身於世上，服事君主，既然叫做知己，就應當盡自己的智慧和謀略，向君主提出忠誠的勸告和好的辦法，在禍患沒有形成的時候就消除它，在國家秩序沒有被破壞的時候就維護它，使自己得到安全，君主得安寧。

「如果遇到知己，不能在動亂發生前幫助解除危機，卻到已經失敗了才犧牲自己的生命，騙取名譽，誇耀世俗，從君子看來，這都是不可取的。」

〈短歌行〉曹氏父子的「同題」詩

一、曹操的短歌行

本詩共三十二句，先感嘆人生無常，時光易逝，抒發自己壯志未酬的抑悶，繼而描繪求賢若渴的耿耿衷忱，最後以周公自比，表達自己廣攬人才以定天下的理想志願。

對酒當歌，	對著美酒應當高歌，
人生幾何？	人生能有多少歲月啊？
譬如朝露，	就像早上的露珠，
去日苦多。	過去的日苦恨多。
慨當以慷，	歌聲慷慨激昂，
憂思難忘。	忘不掉憂愁的以往。
何以解憂？	如何去解除憂愁？
惟有杜康。	只有那醉人的美酒了。
青青子衿，	你的衣服顏色青青，
悠悠我心。	我長久的惦記不忘。
但為君故，	只因你的緣故，
沉吟至今。	我低聲吟詠到現在。
呦呦鹿鳴，	鹿兒呦呦的叫不停，
食野之苹。	呼喚同伴共來進吃。

我有嘉賓，	我有尊貴的客人，
鼓瑟吹笙。	為他鼓瑟又吹笙。
明明如月，	皎皎一輪的天上月，
何時可掇？	何時才能摘下來？
憂從中來，	心中湧起的愁緒啊，
不可斷絕。	永遠也難解開。
越陌度阡，	由野外遠地而來，
枉用相存。	勞你屈駕來探問。
契闊談讌，	相聚宴飲敘心曲，
心念舊恩。	重溫舊日的情誼。
月明星稀，	月兒皎潔星兒少，
烏鵲南飛。	烏鵲悽惶南飛去。
繞樹三匝，	繞著大樹飛三匝，
何枝可依？	哪一枝可以棲息啊？
山不厭高，	山、永遠不嫌高，
海不厭深。	海、永遠不嫌深。
周公吐哺，	我要像周公「一飯三吐哺」，
天下歸心。	使天下賢士共同歸心。

二、曹丕的〈短歌行〉

　　這是曹丕的思親之作，計二十四句，同為四言。曹操死後，曹丕睹物思人，倍感情傷，以細膩的筆調，寫出了真摯深厚的父子之情。

仰瞻帷幕，	抬頭望帷幕，
俯察几筵。	低頭看几筵。
其物如故，	東西還是原來樣，
其人不存。	親人卻已不在人間。
神靈倏忽，	神靈啊，祢這樣匆忙，
棄我遐遷。	把我丟下，走得遠遠。
靡瞻靡恃，	我沒了依靠沒親人，
泣涕漣漣。	止不住兩眼淚漣漣。
呦呦遊鹿，	走著的母鹿叫聲不斷，
銜草鳴麑。	銜著苹草把小鹿呼喚。
翩翩飛鳥，	翩翩的飛鳥啊，
挾子巢枝。	帶著小鳥飛回巢邊。
我獨孤煢，	只有我孤苦零丁。
懷此百離。	滿懷悲痛難言。
憂心孔疚，	憂傷的心無限痛苦
莫我能知。	無人知道我的悲酸。
人亦有言：	古人有過這樣的話：
「憂令人老」。	「憂愁會使人衰老」。
嗟我白髮，	唉喲、我的白髮，
生一何早！	為何生得這麼早！
長吟永嘆，	長歌復長嘆，
懷我聖考。	深深懷念著父親。
曰：「仁者壽」，	古人說：「仁德之人可長壽」，
胡不是保？	為何我父不長壽百年？

三、結語

曹操是一位傑出的軍事家和政治家，也是一位成績卓越的文學家。他「外定武功，內興太學」（見《三國志：魏書・荀彧傳》），為開一代詩風做了巨大的貢獻。

在群雄逐鹿，戎馬倥傯中，他不僅把大批文人學士集中在自己手下，倡導和鼓勵他們創作，形成了一個「百川赴巨海，眾星拱北辰」的文學集團，而且自己也創作了許多內容深刻，富有時代前瞻特立的優秀詩篇。

曹丕字子桓，是曹操次子。建安十六年（211）為五官中郎將，二十二年立為太子，二十五年繼曹操為魏王，隨即廢漢獻帝劉協自立，改國號為魏，他就是歷史上所稱的魏文帝。

他在《典論、論文》中宣稱：「文章、經國之大業，不朽之盛事。」又說：「生有七尺之軀，死為一棺之土，惟有立德揚名可以不朽；其次莫如著篇籍。」把文學提到與事功相並的地位從他始。也即立德揚名，著書立說，乃人生不朽，可以久遠的盛事。

曹操與曹丕，兩相比較，高下立判，論氣勢、豪邁、聲壯、是子不如父的。

「千里無雞鳴」與「千里無人烟」
──讀曹氏父子的兩首詩

一、蒿里行：

〈蒿里行〉是和歌、和曲，也是出殯時唱的輓歌，說人死後魂歸蒿里。曹操於初平元年（190）正月，關東各州郡起兵聯合討伐董卓，推勃海太守袁紹為盟主。但他們各懷打算，於會師後都徘徊觀望，隨後又為爭權奪利而自相殘殺，造成百姓大量死亡和社會生產的嚴重破壞。

詩是五言詩，全八聯十六句，合八十字，其原文為（見左邊）：

關東有義士：各州各郡的義兵；
興兵討群凶：討伐董卓集團。
初期會盟津：在盟津這個地方會師；
乃心在咸陽：目標是咸陽的魔首。
軍合力不齊：各軍離心離德；
躊躇而雁行：相互觀望不肯前進。
勢力使人爭：爭權奪利勾心鬥角；
嗣還自相戕：再而彼此的幹了起來。
淮南帝稱號：淮南袁術稱帝；
刻璽於北方：北方的袁紹刻玉璽謀立新朝。

鎧甲生蟣虱：連年征戰，鎧甲長滿虱虫；

萬姓以死亡：萬家百姓連年喪生。

白骨露於野：無人撿拾的白骨遍地皆是；

千里無雞鳴：千里之內聞不到雞唱。

生民百遺一：百姓百人只剩一個；

念之斷人腸：每一念及斷人肝腸！

二、送應氏兄弟

　　這是曹植送別應氏兄弟的詩。「應氏」指汝南應瑒、應璩兄弟二人。應瑒字德璉，漢末詩人，為「建安七子」之一；應璩字休璉，是應瑒的弟弟，也是漢末詩人。

　　建安十六年（211）曹植隨父操西征馬超，從鄴城出發，路經洛陽。看到應氏兄弟，故作同是五言十六句的兩首詩送別。茲錄其第一首。

步登北邙阪：信步登上北山山坡；

遙望洛陽山：遠眺洛陽的綿綿群山。

洛陽何寂寞：洛陽真寂寞；

宮室盡燒焚：宮房都被董卓燒光了。

垣牆皆頓擗：剩下的斷牆殘壁；

荊棘上參天：遍生雜樹高聳。

不見舊耆老：見不到往昔的老人；

但睹新少年：見到的都是年青人。

側足無行徑：沒有路可以走；

荒疇不復田：良田荒廢無人種植。

遊子久不歸：你們遠遊久未歸家；

不識陌與阡：歸家也難辨道路。

中野何蕭條：郊野真蕭條啊；

千里無人烟：千里之內看不到人烟。

念我平常居：想起我以前的洛陽生活；

氣結不能言：氣為之結難置一言。

三、千古之罪：

　　曹操寫的〈蒿里行〉是初平元年（190），曹植寫的〈送行〉是建安十六年（211），相隔了二十二年，描繪的全是兵連禍結，生民塗炭，受盡戰亂之現象。「念之斷肝腸」、「氣結不能言」，道盡了簡中悲悽，生也不幸，莫過於此。

　　1937 年日本侵華，開啟了蘆溝橋的全面抗戰；1945 年敵寇屈服，我正隨軍在粵南相與對峙，傳來喜訊，稍事整補，開往淪陷久久的廣州近郊番禺接收，徒步行軍越過了八個縣份，路兩旁的城市村莊，莫不拆光燒光，入目皆是赤地。

　　「爭城之戰，殺人盈城；爭地之戰，殺人盈野。」這是人類千古之罪，中外今昔，莫不如此，思之慨然。

《諸葛亮文》十篇

一、前言

(一) 中國名著選譯叢書《諸葛亮文》，計分：【對】、【詔】、【表】、【書】
　　等十六類共六十五篇，其中較多的為【表】十一篇，最著的見於
　　《古文觀止》中的〈前出師表〉、〈後出師表〉；【書】二十六篇，
　　最著的為〈答法正書〉、〈答關羽書〉。

(二) 選譯的順序分四部份，一為簡介的序，說明本文當時的時代背景
　　及其因由；二為古典的原文呈現；三為注釋；四為現代語體文譯
　　文。我對簡介除必要的外，餘都節署，譯文則全部照錄，保其真
　　像，茲依此作以下的臚陳。

二、本文

(一)〈彈廖立表〉(表是臣下向君主陳述意見的一種文體)

【序】：廖立有一定的才能，曾被諸葛亮譽為「楚之良材」，和龐統相
　　　提並論。但他不是用自己的才能去「贊興世業」，而是計較名
　　　位。他自認該是諸葛亮的副手，但職務卻在李嚴之下，因此心

懷不滿，而且目中無人，從劉備、關羽到向朗、郭攸之等人，他都任意指責。

　　當時，蜀漢對外是大敵當前，對內是百廢待舉，需要同心協力，共濟時艱。廖立的表現，當然不能令人容忍，諸葛亮為此予以彈劾。

【譯文】：長水校尉廖立，妄自尊貴高大，對文武百官評長道短，公然說國家不任用有德才者而任用平庸的官員，又說統領萬人的將帥都是些無能毛孩子。他還污蔑先帝，詆毀百官。

　　有人說國家的軍隊經過挑選訓練，隊伍齊整，廖立抬頭看著屋頂，臉都變色，氣憤地大聲說：「不值得一提！」像這樣的事他不知有多少。亂群的羊，尚且能夠為害，何況廖立憑藉高位，一般的人怎能辨別其正確或錯誤呢？

（二）〈舉蔣琬密表〉

【序】：蜀漢後主建興十二年，（234）八月，諸葛亮在武功五丈原與魏國大將軍司馬懿對陣，積勞成疾，病勢沉重，後主劉禪派尚書僕射李福前來慰問，談及繼任人選。

　　諸葛亮認為楊儀心胸狹隘，費禕資歷不夠，蔣琬忠誠為國，處事幹練，度量寬弘，能安定大局，因而他推荐蔣琬。以後事竟證明，蔣琬果然不負所託。

【譯文】：我（臣）如果去世，以後國家大事應當託付給蔣琬。

（三）〈自表後主〉

【序】：諸葛亮忠貞報國，一心為公，清廉自持，生活儉樸。劉備平定
　　　　益州時，賜給他金五百斤、銀千金、錢五千萬、錦千匹。他用
　　　　這些賞賜購買農田、桑地。靠這些田地的收入，約可維持當時
　　　　一般地主的生活水平。

【譯文】：我在成都有桑八百株，瘦瘠的田地一千五百畝，子弟穿衣吃
　　　　飯，自然足夠有餘。我在外領兵作戰，沒有別的收支安排，
　　　　所需衣物食用，全靠官府，沒有另外經營產業，來增加一尺
　　　　一寸的收入。如果我死的時候，當不讓家中有多餘的絲綢，
　　　　身外有多餘的財產，以致辜負了皇上。

（四）〈街亭自貶疏〉（疏是臣下向君主論事的一種文體）

【序】：蜀漢後主建興六年（228）春，諸葛亮出兵伐魏，沒有採納眾
　　　　人的意見去任用宿將魏延、吳懿等為先鋒，而是選拔參軍馬謖
　　　　為先鋒。馬謖好談兵法，諸葛亮對他十分器重。劉備臨終前對
　　　　諸葛亮說：「馬謖言過其實，不可大用，君其察之。」諸葛亮
　　　　沒有聽取這個告誡。
　　　　　馬謖缺乏寔戰經驗，違反諸葛亮的節度，又一再拒絕裨將
　　　　軍王平的規勸，措置失宜，因此在街亭和魏國右將軍張郃作戰
　　　　時慘敗，以致全線動搖。諸葛亮被迫退兵。為此引咎自責，請
　　　　求降職三級，以右將軍代理丞相。

【譯文】：我（臣）以弱才，竊據了不勝任的職位，親自指揮督率三軍將士，沒有做到尊重規章，嚴明紀律和遇事戒懼，以致發生馬稷在街亭違背命令的過錯，趙雲、鄧芝在箕谷戒備不嚴的失誤，這些錯誤都在於我用人不當。

　　我沒有知人之明，考慮事情常有許多糊塗的地方。我照《春秋》這部經典中關於主帥應該對打敗仗承擔責任的古訓，我應該受到責罰。請允許我自動降官三級，來罰我所犯的錯誤。

（五）〈正議〉（議是辨別是非說明事理的一種文體）

【序】：蜀漢後主建興元年（223），魏國司徒華歆、司空王朗、尚書令陳群、太使令許芝、謁者僕射諸葛璋等人，各自寫信給諸葛亮，竟然要蜀漢歸順魏國，以為只需通過一只書信，就可使整個蜀漢不戰而降。諸葛亮理所當然不于覆信。對上述人等的狂妄要求，發表〈正議〉給以痛斥。

【譯文】：從前，項羽勢力的興起不是由於仁德，雖然他據有中原地區，掌握著帝王的權勢，終於破滅，成為後世永遠的鑒戒。曹魏不考慮借鑒，現在輪到它了。雖然本身幸免於懲罰，但是子孫也應引以為戒。現在有幾個人以垂暮之年，秉承僭偽的意旨寫信給我，就像陳崇、張竦吹捧王莽的功績，也不過是大禍來臨而苟且求免吧！

　　從前世祖（光武）皇帝在先漢的舊基上中興帝業，是數千羸弱士兵振奮起來，在昆陽郊外摧毀了王莽強大的四十多

萬軍隊。可見依據正道討伐奸邪，不在人數多少。到了曹操，去陽平關援救張郃，結果陷於窘境而後悔不及，僅能夠自己逃脫。由於他的精銳將士被消滅，因而喪失了漢中地區，這使他深深懂得帝位不能夠輕率取得。回去時還未到達許都，便發病而死。曹丕放蕩逸樂，接著篡奪帝位。縱使有幾個人大肆鼓吹蘇秦、張儀那種欺詐虛妄的觀點，奉上驩兜那種欺天瞞地罪惡滔天的言論，想用來誣蔑詆毀唐堯，譏諷離間夏禹和后稷，不過是徒然浪費文辭，消耗筆墨罷了！品德高尚的人是不幹這種事的。

　　還有，《軍誡》說：「萬人抱必死之心，可以遍行天下。」從前黃帝訓練了幾萬士兵，制伏了四方，安定了國內，何況我們以數十萬之眾，依據正道而對待罪人，誰阻擋得了呢？

（六）〈答法正書〉（書是信牘一類的文件）

【序】：蜀漢立國時，諸葛亮擔任丞相，嚴刑峻法，引起某些人的不滿。法正規勸說：「從前高組進入關中地區，約法三章（殺人者死，傷人及盜抵罪），秦國的老百姓懷念仁德。現在你憑藉武力，佔據一州之地，建國伊始，未施恩惠，而且外地人對待當地人，應該屈己相從，希望緩施刑罰放寬禁令，來安撫大家。」對此，諸葛亮給予正確的回答。

【譯文】：您只知其一，不知其二。秦朝所為不合正道，施政苛暴，百姓埋怨，一人大聲疾呼，百姓揭竿而起，全國政權就土崩瓦

解，高祖趁這時機，取得很大成就。劉璋昏庸懦弱，自其父劉焉以來，兩代施恩於下，僅靠文書、法令的牽制，維繫上下關係，沒有良好的政治，沒有嚴明的刑罰。

　　蜀地的人士，攬權放縱，君主與臣下間的關係，逐漸廢弛。寵愛而援以職位，職位到頂則會出現不以職位為貴的現象；順意而施以恩惠，恩惠已盡則會萌生怠慢之心。所以產生流弊，原因就在這裡。

　　我現在用嚴刑峻法去震懾他們，法令寔行後他們就知道什麼是恩惠；嚴格限制封賞爵祿，一旦加官晉爵他們才知道什麼是尊榮。恩惠、尊榮同時採用，互為補充，上下之間有了法度和秩序，施政的要領，就從這裡體現出來。

（七）〈答關羽書〉

【序】：漢獻帝建安十九年（214），馬超從漢中投靠劉備。當時劉備正圍攻成都，馬超領兵來到，劉璋很快就投降。劉備任命馬超為平西將軍，封前都亭侯。關羽聽說馬超前來投靠，因過去並非朋友，寫信給諸葛亮，瞭解馬超的才能可與誰相比。於是寫了這封很得體的回信，關羽收到後高興的拿給眾人傳閱。

【譯文】：馬超兼有文武兩方面的才能，威武剛毅超過常人，算得上是一代豪傑，是與英布、彭越相類似的人物。他可以與張飛一起爭個先後，但還趕不上您美髯公那樣蓋世超群。

（八）〈與杜微書〉

【序】：蜀漢後主建興二年（224），丞相諸葛亮兼任益州牧，廣泛羅致人才，聘請杜微擔任主簿，負責文書等事務。他堅決推辭，其後派車去迎接。諸葛亮和他會面時，由於他耳聾，只好書面筆談。

【譯文】：敬聞您的道德品行，多時以來渴望相見，只因所走的道路不同，沒有機會拜訪求教。王元泰、李伯仁、王文儀、楊季休、丁君幹、李永南兄弟、文仲寶等人，經常稱讚您的高尚志向，所以雖未見面有如舊交。

我以空疏的才能，領導你們益洲這地方，我感到自己德行淺薄而責任重大，心中甚為憂慮。主公今年才十八歲，天性仁厚聰明，愛好美德和下交賢士。普天下的人民都仰慕我大漢，我想和您一起依據天意順應民心，輔助這位賢明的主公，來擴展振興漢室的事業，把勳勞載入史冊。假如您認為賢士和愚者不能共事，所以與世隔絕，安於勞困，難道沒有想到這樣做是委屈了自己嗎？

（九）〈論斬馬謖〉（論是發表意見，說明道理的一種文體）

【序】：蜀漢後主建興六年（228），諸葛亮出師伐魏，派參軍馬謖為先鋒。馬謖違背節度，措施不當，又不聽裨將軍王平規勸，在街亭（今甘肅）被魏將張郃擊敗，受到軍法制裁，被捕入獄死亡。

據晉朝習鑿齒《襄陽記》說，事後蔣琬去漢中會見諸葛亮，提出：「天下未定而戮智計之士，豈不惜乎！」諸葛亮流著眼淚對此做了論述。

【譯文】：孫武、吳起所以能夠天下無敵，是由於執法嚴明。所以楊幹違犯軍法，魏絳殺了他的僕人。現在天下分裂，北伐戰爭剛開始，如果廢除法紀，靠什麼去討伐敵人呢？

（十）〈梁甫吟〉（吟是古代詩體的一種，不拘平仄，對仗，可長可短，用詞淺白。）

【序】：據陳壽《三國志》記載：「亮躬耕隴畝，好為《梁父（甫）吟》。」梁甫是山東泰山附近一座小山之名。〈梁甫吟〉的主題思想，前人有各種解釋。宋朝姚寬《西谿叢語》認為諸葛亮喜歡唱它，是感概事業的艱辛。但有人認為這詩是諸葛亮稱讚晏子的智謀，也有人認為是他反對晏子進讒害士的行為。

【譯文】：我漫步走出齊國都城的城門，

舉目遙望那荒涼的蕩陰里（葬墳）。

那裡有三座墳墓相連，

累累墳丘這樣相似！

我打聽這是誰家的墳墓，

據說田疆和古冶子是墓主。

他們的氣力可以推倒南山，

還能折斷懸繫著大地的繩柱。

終於有一天他們遭疑禍起，

兩個鮮桃居然使三位勇士同死（注）。

是誰能想出這樣的計謀？

便是齊國的國相晏子。

【注：三士】據《晏子·諫下》記載：公孫接、田開疆、古冶子非常
　　　　　勇敢，晏嬰對齊景公說：這三位是危害國家的人物，應
　　　　　該消滅掉。他建議齊景公送兩個桃子給這三位勇士，提
　　　　　出功勞大的可以吃桃。公孫接首先拿了桃子，隨後田開
　　　　　疆也拿了。古冶子認為自己也可以吃桃，於是拔劍而起。
　　　　　公孫接、田開疆說：我們勇敢不如你，功勞也比不上你，
　　　　　現在吃桃不謙讓是貪，有貪念而不死去是無勇。於是都
　　　　　退回桃子自殺。古冶子說：這兩個人都死了，我獨自活
　　　　　著，不仁；誇耀自己，不義；我憎恨自己的行為而不死
　　　　　去，無勇。於是也自殺。

三、結語

(一) 《諸葛亮文》備載六十五篇，我選十篇闡述，目的是有補於世道
　　人心。

(二) 有論者謂《諸葛亮文》文采不艷，且細碎丁寧，但情感真摯，
　　思慮細密，有滿滿的醇誠至愛貫注於字裡行間，〈出師表〉如

此，其他莫不如此。《三國志》作者陳壽推崇備致，可謂恰適公允之見。

《謝靈運、鮑照詩》

一、謝靈運詩四首

（一）歲暮

　　晉安帝司馬德宗義熙十二年（416）八月，太尉兼中外大都督劉裕率軍北伐。十月，劉裕派兵收復洛陽。十一月，謝靈運奉命離開都城建康（今南京）前往彭城（今徐州）慰問劉裕，寫時值年關歲末，詩人長夜難寐，感嘆歲月易逝，人生易老，憂傷良多。

【原詩】：殷憂不能寐，苦此夜難頹（盡）。明月照積雪，北風勁且哀。

　　　　運往無淹物，年逝覺易催。

【譯文】　憂慮重重，難以入眠；

　　　　長夜漫漫，何時天明？

　　　　月光如水，映照積雪；

　　　　北風怒吹，宛若哀鳴。

　　　　歲月流逝，萬物凋零；

　　　　人生易老，光陰難停。

（二）登池上樓

　　詩的前八句寫詩人「進德智所拙，退耕力不任」進退兩難的矛盾心理及對謫遷永嘉的不滿情緒；中間十句寫詩人久病登樓，見窗外春意漸濃，不由觸發了思鄉之情；最後四句寫詩人要決心克服孤獨感，保持操守，從此避世隱居，不再憂悶。

【原詩】：潛虯媚幽姿，飛鴻響遠音。薄霄愧雲浮，棲川怍淵沈。進德智所拙，退耕力不任。徇祿及窮海，臥痾對空林。衾枕昧節候，褰開暫窺臨。傾耳聆波瀾，舉目眺嶇嶔。初景革緒風，新陽改故陰。池塘生春草，園柳變鳴禽。祁祁（眾多）傷豳（今陝西古地）歌。萋萋（草木茂盛）感楚吟。索居易永久，離群難處心。持操豈獨古，無悶徵在今。

【譯文】：虯龍深深的潛入水中，姿態逍美；大雁高高的飛翔天空，遠播叫聲。愧對虯龍，羞見飛鴻，我已陷入世俗的泥淖之中。既拙於入仕為官，若要退隱，又不能勝任耕田。今天，為了就職而來到這僻遠的海角，終日臥病在床，面對空林，苦捱殘冬。我已忘記了季節的變換，只因無聊，才掀開窗簾欣賞野景。側耳傾聽，江水波瀾壯濶；舉目遠眺，山巒險峻難登。初春的景色，一掃殘冬的寒風；脫掉陳舊的冬裝，清新的原野上，飄動著春的倩影。池塘上冒出柔嫩的小草；柳枝兒上已不再有烏鴉麻雀，婉轉歡叫的是布穀黃鶯。不由憶起《詩經》、《楚辭》中那些描寫思鄉之情的句子，心中頓時湧起一

絲剪不斷的鄉情。這些日子，我離群索居，度日如年，心緒不寧。難道只有古人才能堅持清高的節操？不，我要讓避世隱居脫離苦悶的境界，現在就得到證明。

（三）登江中孤嶼

詩人在遊遍了永嘉江江南的山山水水之後，身體雖然疲勞，可他探尋新奇風景的遊興卻絲毫未減。於是他又重遊了久別的江北山水。渡江北上時，突然發現了仙境般的孤嶼，頓時詩興大發，作成此詩。

【原詩】：江南倦歷覽，江北曠周旋。懷新道轉迴，尋思景不延。亂流趨孤嶼，孤嶼媚中川。雲日相輝映，空水共澄鮮。表靈物莫賞，蘊真誰為傳？想象崑山姿，緬邈區中緣。始信安期術，得盡養生年。

【譯文】：遊遍江南，身體已經疲勞；勃勃的遊興卻絲毫未減。不由憶起江北的美景，已許久沒去遊覽。追求新奇風景的心情是那摩急迫，只覺得旅途是那麼漫長，白晝卻如此短暫。我從江中截流橫渡，直趨孤嶼山。近了，更近了，神美的孤嶼山就在江的中央。山上白雲輝映麗日，山下清江遠接藍天。你明明靈氣顯露，世人卻不欣賞；你深藏著靈異神仙，有誰為你傳揚？想像那崑崙山的姿容，以遠離了庸俗的世間。你使我開始相信安期生長壽之法，修身養性，享盡天年。

（四）臨終

據《宋書・謝靈運傳》記載，靈運在臨川郡遊樂放蕩，不盡職責，被當地官吏檢舉。朝廷派人來逮捕他，靈運被迫無奈，就將來人扣留，興兵反叛，兵敗被擒。按刑律當斬，宋文帝劉義隆念他是功臣謝玄之後，降罪免死，流放廣州。不久，又被控糾聚村民，圖謀造反。

官吏又要求依法治罪，宋文帝便「詔於廣州棄市（在鬧區執行死刑，把屍體暴露在街頭）刑」。當時是元嘉十年（433），詩人年僅四十九歲。此詩即作於臨刑之時。

【原詩】：龔勝無餘生，李業有終盡。嵇公理既迫，霍生命亦殞。淒淒凌霜葉，納納衝風菌。邂逅竟幾何，修短非所愍。送心正覺前，斯痛久已忍。恨我君子志，不獲岩上泯。唯願乘來生，怨親同心朕。

【譯文】：龔勝不肯苟且偷生，絕食而死；李業不願為虎作倀，引毒自盡。嵇紹為了保護君王，以身殉職；霍原因為反對篡位，引火自焚。今天，我走向刑場，要步他們的後塵。心中悲涼，就像寒霜籠罩下的的孤葉；步履艱難，如同被風雨沖刷的野菌。沒有歡樂的生命，雖然短暫卻不必憐憫。只是，尚未悟出人生的真諦，就身陷死地，這種無奈的傷痛，久久地折磨著我的心。我胸懷高潔的隱居之志，卻喪身刑場不能終老山林。但願來世再投生的時候，能夠不分仇敵親友，一概對待，一視同仁。

二、鮑照詩四首

（一）發後渚

　　詩人剛與家人團聚，席不暇暖，又必須立刻離建康家北上。內心的悲苦哀愁無法訴說，只好訴諸詩篇。通過描寫沿途所見的自然景物，表達了自己留戀家鄉和倦於行役的心情。詩中那種荒寒蕭殺的自然景物和愁慘的情緒結合的極其自然。後渚在建康城外江上。渚，水中的小塊陸地。

【原詩】：江上氣早寒，仲秋始霜雪。從軍乏衣糧，方冬與家別。蕭條
　　　　背鄉心，淒愴清渚發。涼埃晦平皋，飛潮隱修樾。孤光獨徘
　　　　徊，空烟視升滅。途隨前峰遠，意逐後雲結。華志分馳年，
　　　　韶顏慘驚節。推琴三起嘆，聲為君斷絕。

【譯文】：江上早寒，仲秋時節就已經霜結雪降。我要從軍遠征，卻又
　　　　缺衣少糧；嚴冬已漸漸逼近，卻不得不與家人分別，揮淚北
　　　　上。離鄉背井，心情落寞淒愴，乘船從後渚出發，駛向遠方。
　　　　征塵飛揚，瀰漫了前方的高地，浪潮高高的卷起，遮住了長
　　　　長的樹影，一片水花茫茫。孤獨的太陽，在空中緩緩地移動；
　　　　漫漫江霧，時而在前面飄聚，時而又消失空中。眺望前方的
　　　　山峰，倍覺路途的遙遠；回顧身後的陰雲，更添離別的憂傷。
　　　　美好的志向，就在這終年的奔走勞頓中消失；青春的容顏，

因驚嘆於季節的變化而變得慘淡無光。每念及此，總要引起無盡的嘆息，只好推開瑤琴，不讓那揪心的琴聲再響。

（二）詠史

詩的前十句極力鋪陳渲染京城的奢華，最後二句則突然引出嚴君平之事，並戛然而止，後人稱之為「勒舞馬勢」。這種藝術手法，使前後兩種不同的處境形成了鮮明的對比。它上承左思，下起陳子昂、李白，在文學史上佔有值得重視的位置。

【原詩】：五都矜財雄，三川養聲利。百金不市死，明經有高位。京城十二衢，飛甍各鱗次。仕子影華纓，遊客竦輕轡。明星晨未稀，軒蓋已雲至。賓御紛颯沓，鞍馬光照地。寒暑在一時，繁華及春媚。君平獨寂寞，身世兩相棄。

【譯文】：五大都市（洛陽、邯鄲、臨淄、宛、成都），自誇財富雄厚；三川一帶，熱衷於名利追逐。有錢的富豪，可以不受法的制裁；明經的士人，能夠得到高官厚祿。京城裡大路四通八達；高聳的屋脊，像魚鱗一樣密佈。做官的，華美的帽纓隨風飄動；閑遊的，騎著快馬在城中散步。凌晨時分，天上依舊繁星閃爍；官宦們的車駕，已如風雲般湧入。賓客與僕從，隨之紛至沓來；黑呼呼的土地上映照著鞍馬的光芒閃閃。寒來暑往，似乎只是一瞬；百花紛紛爭豔，只趁春光明媚之時。唯讀嚴君平（漢、蜀人，賣卜為生，一生不求仕進），甘於寂寞不慕榮利；俗世不用他，他也不求入仕。

（三）代白頭吟

　　此詩開頭四句，寫自己品行高潔，正直不阿，卻無故遭到猜疑與嫉恨；「人情」以下十四句，則主要是分析遭猜恨的原因；最後兩句總結上文，以旁觀者的口吻作勸慰語：「古來共如此，非君獨撫膺。」只在說明，歷來王朝的統治，都是同樣的殘暴與黑暗。

【原詩】：直如朱絲繩，清如玉壺冰。何慚宿昔意，猜恨坐相仍？人情賤恩舊，世議逐衰興。毫髮一為瑕，丘山不可勝。食苗實碩鼠，玷白信蒼蠅。梟鵠遠成美，薪芻前見凌。申黜褒女進，班去趙姬昇。周王日淪惑，漢帝益嗟稱。心賞猶難恃，貌恭豈易憑。古來共如此，非君獨撫膺。

【譯文】：向朱絲弦一樣正直不阿，如玉壺冰一般清雅高潔。沒有做何跟往昔美德相悖之事，我無愧於心；可是為啥遭猜疑嫉恨而跟隨著我？人們並不看重舊日的情誼，世俗輿論總是隨著個人的得失意而變化莫測。哪怕一絲一毫的過失，就是如山的功績也無法勝過。貪得無饜的老鼠，吞食著青青的禾苗；骯髒的蒼蠅，把白色污染成黑色。野鴨和天鵝，由於遠離塵世，人們都以為美好；木材與草料，卻是近在眼前而被歧視壓迫。申后遭廢免，褒姒入王宮；班婕妤受冷遇，趙飛燕升高閣。周幽王沉溺於女色，日益昏庸；漢成帝竟然越發稱讚起飛燕的美德。所謂心存忠貞之人，尚且難以信賴；僅僅貌似恭敬的，又豈能憑藉！古往今來，世事大都如此，並非只有您撫胸難過。

（四）梅花落

　　這是一篇借物託諷之作。詩人以梅花比喻堅貞高潔的賢人，以庭中其他雜樹象徵一般無節操的士大夫，通過對耐寒的梅花的讚美，批判了其他雜樹的柔媚與懦弱，表現了詩人鮮明的愛憎之情。詩中寫詩人和雜樹的對話，新穎活潑，且富有寓言色彩。此詩雖短，卻無疑是一篇樂府佳作。

【原詩】：中庭雜樹多，偏為梅咨嗟。問君何獨然？念其霜中能作花，露中能作寔，搖蕩春風媚日。念爾零落逐寒風，徒有霜華無霜質。

【譯文】：院裡有許許多多的雜樹，卻唯讀對梅花讚嘆不止。若問梅花有什麼特異，您為何偏愛如此？想到她能在嚴霜下開花，能在寒露中結寔。而你們這類雜樹，只能在春風中搖蕩獻媚，卻禁不起寒風的侵襲。只好隨風飄落成泥。你們根本沒有耐寒的品格，只有徒有其表而已。

三、結語

(一) 謝靈運（385-433），壽四十九歲，陳郡陽夏（今河南太康）人，晉車騎將軍、康樂縣公謝玄之孫，十五歲襲封康樂公。東晉義熙元年（四〇五）靈運二十一歲，任琅邪王大司馬行參軍，開始步入仕途。

　　在短暫的幾十年中，他創作了大量優秀的山水詩篇，歌詠山水之美，成為詩歌的主要內容，為後人留下了一份寶貴的文學遺產，他本人也因此成為中國山水詩的開山祖。

(二) 鮑照（414-466），壽五十三歲，字明遠，東海（今江蘇漣水北）人，家居建康。他出身貧寒，早年過的是「墾畤剗蕪，牧雞圈豕」的農家生活。

　　鮑照的一生，儘管是窮愁潦倒，極不得意，但他卻沒有像謝靈運那樣消極地隱遁山林，到清虛無為的老莊思想中去尋找慰藉，而是滿腔熱情地投身現寔社會去爭鬥、去批判、去歌頌。他的詩，煥發著一種豪邁積極雄健俊逸的精神。

(三) 謝靈運與鮑照，長於六朝的晉、宋交替，動亂頻仍，生民疾苦，沒有一位是開創大局的君王。宋明帝劉彧立（465），改元泰始，泰始二年正月江州刺使兵變，鮑照在荊州城中被亂兵所殺。

　　漢、魏文章以「賦」著稱，晉、宋承其遺緒，詞句華麗，尤愛用典。內容空乏，且引典故大多偏狹不著，雖有注釋，說明出處，仍感難於閱讀。這或許是個人的拙見，請讀者多予賜教。

《搜神記》十篇

一、彭祖七百歲（民間傳說）

彭祖是殷商時的大夫，姓錢名鏗。他是顓頊帝的孫兒，陸終氏的中子。他從夏朝一直活到商朝末年，號稱七百歲。他經常服食靈芝。歷陽地方有彭祖的仙室，前輩們宣傳說：到那裡祈求下雨，沒有不馬上靈驗的。

當年經常有兩隻老虎守在祠堂的左右。如今彭祖已不存在了，但那地方還有兩隻老虎的足跡。

二、董永和織女（民間傳說孝行動天）

漢朝有個董永，是山東千乘縣人。他從小便失去了母親，和父親一起生活。董永盡力耕作，用小車載著父親，時時和自己在一起。父親死了，他沒有錢安葬，就把自己賣給人家當奴僕，用賣身的錢來辦理喪事。主人知道他忠厚善良，給了他一萬文錢，還讓他回去。

董永在家守喪三年期滿，準備回到主人家去償債，履行奴僕的職責。就在路上遇見一個女子，對他說：「我願意做你的妻子。」董永帶著她一起到主人家。主人對董永說：「錢是我送你的。」董永說：「承蒙你的恩惠，父親遺體才得以收殮埋葬。我雖然是一個地位低賤的人，

也一定要盡力幹活,來報答你的大恩大德。」主人說:「你的妻子能做些什麼?」董永說:「會織布。」主人說:「你一定要這樣的話,只要你妻子替我織一百疋雙絲的絹就行了。」

於是,董永的妻子開始給主人家織絹,十天就把全部雙絲細絹織好了。董永帶著妻子離開主人家,出門時,她對董永說:「我,本來是天上的織女,因為你非常孝順,所以天帝才要我下凡來幫助你償還債務。」說完話,就向天空飛去,不知去向。

三、華佗醫喉病(對症下藥)

三國時沛國人華佗,有次走在路上,遇見有個人咽喉有病,想吃東西又吞不下去。他家裡的人用車子載著他,想去找醫生看病。華佗聽他呻吟的聲音,就停下車來前去看視,並對病人說:「你剛才來時走過的大路邊,有一家賣餅的人家有拌合了蒜泥的大醋,你從他那裡買三升喝下去,這病就會自然病除。」病人按照華佗的話去做了,馬上就吐出一條蛇來病就好了。

四、麋竺遇天使(好行有好報)

曾嫁妹與劉備作夫人的麋竺,東海也即是今之連雲港人,他祖先世代經商,家中有億萬財產。有一天他從洛陽回家,在離家還有幾十里的地方,看見路上有個漂亮的女子,向他請求搭車。上車後走了二

十多里，那女子告辭離開，對麋竺說：「我是天使，要去燒掉東海那麋竺的家。感謝你讓我搭車，所以我才把這消息告訴你。」麋竺便私下向她求情。那女子說：「不燒是不可能的。這樣吧！你可以趕快離開此地，我會慢慢地走。但到中午一定會起火。」麋竺就急忙趕回家，到家裡就把財物都搬了出來。到了中午，大火就猛烈的燒起來了。

五、蔣山廟戲配（存心不正，貪求色慾）

晉武帝咸寧年間，太常寺卿韓伯的兒子某，會稽郡內史王蘊的兒子某和光綠大夫劉耽的兒子某，一同遊覽鍾山蔣子文的廟，廟中有幾個婦女的神像，容貌都很端正。

這三個人都喝醉了，各人指著這些婦女神像開玩笑，各自挑選了一個和自己作配偶。就在那天晚上，三個人同時夢見蔣侯派人傳話說：「我家的閨女都很醜陋，你們卻不嫌棄，屈尊前來眷顧，我就定好了某一天，把你們全都迎接過來。」

他們因為夢境分明，情形不同尋常，所以試著彼此詢問，果然各人都做了同樣的夢，夢中的情形也一模一樣。於是他們非常驚恐，準備好牛、羊、豬等祭品，來到蔣侯廟請罪，並哀求原諒他們。接著他們又都夢見蔣侯親自來對他們說：「你們既然眷顧了我的女兒，實際上是你們貪求與配偶相會的。約好的日期就快到了，怎麼能夠容許中途變卦後悔呢？」

過了不久，三人都死了。

六、曾子孝感萬里（孝心應萬里）

　　曾參跟隨孔子出遊，在楚國時感到心跳，就辭別孔子回家詢問母親。母親說：「我想念你，就咬了自己的手指。」

　　孔子說：「曾參的孝心，精神能夠感應到萬里之外。」

七、王祥臥冰（孝心感動上天）

　　王祥，字休徵，魏晉時人，魏時累官大司農，晉武帝時拜太保，生性非常孝順。他從小死了母親，繼母朱氏不愛他，多次說他的壞話。因此也失了父親的愛，常常要他打掃牛棚。

　　父母生病，他日夜侍候，不眠不休。繼母有次想吃魚，當時天寒地凍，王祥便脫下衣服，準備破冰抓魚。冰忽然自動裂開，兩條鯉魚從水下跳了出來，王祥拿著魚回家。又有一次，繼母想吃烤黃雀，又有幾十隻黃雀飛進王祥家的窗簾裡，他便拿去供養繼母。

　　鄉鄰們都驚奇讚嘆，認為這是王祥的孝心感動上天的緣故。

八、東海孝婦（百行以孝為首，孝感動天）

　　漢朝的時候，東海有個孝順的媳婦，她服務婆婆十分盡心周到，她婆婆想道：「媳婦奉我勤勞辛苦，我已經老了，何苦留戀剩下來的歲月，長久地拖累年輕人呢？」就上吊自殺了。他的女兒告狀到官府說：「是做媳婦逼死了我母親。」

　　官府便拘捕了孝婦，毒刑拷打審問。孝婦受不了酷刑的痛苦，只好承認被誣陷的罪名。當時，于公（漢宣帝丞相于定之父）擔任獄吏，對太守說：「這個媳婦奉養婆婆十多年，孝順好名聲早已傳播四方，一定是不會逼死婆婆的。」太守不聽他的意見，于公爭辯卻不予理會。于公就抱著定案的文件，從官府裡哭著離開了。

　　從此以後，東海郡遭受大旱災，三年沒下雨。後任的太守到職，于公說：「那孝婦不該處斬，前任太守把她冤殺了，災禍應該起因於此。」太守立即親自祭奠孝婦的墳墓，並在墓地建立標記以作表彰。於是天上立刻下起雨來，使得這一年的莊稼獲得了大豐收。

　　當地的老人傳說道：「這個孝婦名叫周青，她將要被處死的時候，那刑車上豎立一根十丈長的竹竿，用來懸掛五色旗幟。孝婦當眾之下誓言說：『我周青如果真的有罪，情願被殺，我的血就會順著竹竿往下流。如果我周青死得冤枉，血就會沿著竹竿倒流上去。』行刑以後，她的血呈青黃色，沿著竹竿一直流到竿頂，又順著旗子流了下來。」

九、張華擒狐魅（邪不勝正）

　　張華，字茂先，晉惠帝時任司空（他以博洽著稱，史稱「圖緯方伎之書，莫不詳覽」，「強記默識，四海之內，若指諸掌」。著有《博物志》）。當時，燕昭王墳墓前有一隻毛色斑駁的狐狸，由於年歲長久，能夠變化形體，於是變成了一個書生，想去拜訪張華。它首先詢問昭王墓前的華表（墓前裝飾標誌）說：「憑我的才能相貌，能不能去會見張司空呢？」華表說：「你敏捷善辯，沒有什麼不能做的；但是張公的才智氣度，恐怕難於控制。你去一定會遭到侮辱，可能還會回不來呢。這樣，不但要喪失你修煉千年的體質，也會使我深受其害。」狐狸不聽從它的話，拿著名帖去拜見張華。

　　張華見這個少年人風流倜儻，肌膚潔白如玉，神態舉止十分優雅，因而十分敬重他。於是與他討論文學篇章，辨析核查名與實的區別，張華還真是從來沒有聽過那樣精闢的言論。接著他又品評前朝歷史，探究諸子百家的精微義理，談論《老子》、《莊子》學說的奧妙所在，揭示《詩經》中各篇的深刻旨意，概括了古代聖賢的思想，貫通了天文、地理和人事，針砭了各派儒學的得失，評論了各種禮法的弊端，張華無不應對遲鈍，怯於回答。於是歎息說：「天下那會有這樣的年輕人！如果不是鬼魅，便是狐狸了。」便派人打掃坐榻，邀他留下，安排人加以防範。這個書生便說：「你應當尊重賢士，容納眾人，獎勵別人的長處，而寬容別人的弱點，怎麼能忌恨別人有學問呢？墨子主張

兼愛，難道是這樣的嗎？」說完話，便要求告辭。張華已經派人在門口防守，書生不能出去。過了一會，書生又對張華說：「你門口設置士兵攔阻，該是對我有懷疑了吧。我真擔心天下的人將捲起舌頭不再說話，有智謀的人士望著你的大門而不敢走進，我深深地為你惋惜。」張華不回答他，反而叫人防守得更加嚴密。

這時候，豐城縣令雷煥，字孔章，是個知識廣博的人，前來拜訪張華。張華把書生的事告訴他，雷煥說：「如果懷疑他，怎麼不叫獵犬前來試試？」張華就叫人喚獵犬來，狐狸竟然沒有露出害怕的神色。狐狸說：「我的才智是天生的，你反而以為是妖怪，任憑你試驗千次萬次，難道能傷害我嗎？」張華聽了更加憤怒，說：「這一定是真的妖怪了，聽說鬼怪忌諱狗，但狗能辨識的是幾百年的怪物。千年的老妖怪，狗是不能再辨識的，只要用千年的枯木燃火照牠，就立刻會顯露原形。」雷煥說：「千年的神木，從哪裡能得到呢？」張華說：「世人傳說燕昭王墓前的華表木，已經有了千年。」於是派人前去砍伐華表。

派去的使者將要走到華表那兒，忽然有個穿著青衣的小孩從空中降下來，問使者說：「你來做什麼呀？」使者說：「張司空那兒有一個少年來拜訪，多才善辯，張司空懷疑他是妖怪，派我來取華表木去照他。」青衣小孩說：「老狐狸真是不明智啊，牠不聽從我的話，現在災禍已波及到我，我怎麼才能逃掉呢？」於是放聲大哭，一下子就不見了。使者便砍伐了那華表木，木裡流出血來，使者把木頭拿回府中。把華表木點燃照那書生，竟是一隻斑狐。張華說：「這兩樣東西要是不碰上我的話，再過一千年也是不可能被抓住的。」便把狐狸烹殺了。

十、孔子談五酉（仲尼受困，由魚解圍）

　　孔子在陳國遭到困厄的時候，在管舍中彈琴唱歌。夜裡忽然有一個人，九尺多高，穿著黑衣服，戴著高帽子，大聲吼叫，聲音驚動了孔子身邊的人，子貢走進屋裡，問：「是什麼呀？」那人便提起子貢挾在腋下。子路把他引出房，在院子裡跟他搏鬥。過了一會兒，子路還無法取勝。孔子仔細察看，看見他的衣甲和兩腮之間常常張開著像手掌一樣。孔子說：「怎麼不把手伸進他的衣甲和兩腮之間，拉著奮力上舉呢？」子路便伸手去抓牠，整個手都伸了進去，那人便倒在地上，竟是一隻大鯷（鯰）魚，長達九尺多。

　　孔子說：「這種怪物，為什麼來呢？我聽說物老了就有各種精靈來依附它，趁著人衰弱時便來到。這個時候它來，難道因為我遇到困厄，斷絕糧食，隨從的人又生了病的緣故嗎？六畜動物，以及龜、蛇、魚、鱉、草、木之類，時間長了，神靈都會來依附，就會變成妖怪，因此稱它們為『五酉』。五酉就是金、木、水、火、土五個方面，都有那相應的東西。酉就是老，東西老了，就會成為妖怪，殺掉它就完事了，有什麼可以擔心的呢？也許老天爺不想喪失禮樂教化、文化典制，拿這個東西來維持我們的生命呢！不然的話，牠為什麼要來到這裡呢？」

　　子路煮了這條鯷（無鱗魚），牠的味道很好，病人吃了都能起床，第二天大家就動身上路了。

十一、附言

　　《搜神記》是志怪小說，反映的對象，多為神仙鬼魂，精怪妖道以及殊方異物之類，用以泛指社會上和自然界一切反常現象，包括非常之事、物、人。古人把它們紀錄下來，一是出於獵奇，一是出於宣傳，揚布有神論以及相關的宗教。

　　志怪小說，萌芽於先秦，形成於兩漢，繁榮於魏晉南北朝。《搜神記》的作者是東晉初著名史學家干寶。他字令升，新蔡即今河南省人。祖父干統，仕吳為奮武將軍、都亭侯。父干瑩為丹陽縣丞。東晉元帝初年，中書監王導推荐干寶任著作郎，主修國史。成帝元年（西元 326）王導再推他擔任司徒府右長史。干寶一生著作，除《搜神記》外，還有編年體西晉史《晉紀》二十卷，足証他家世與學養。他勤搜索，發奮用功，以闡明神道之不誣。前後寫作幾近三十年，也即他全心深信所寫都是事寔的。

　　《搜神記》計二十卷 464 篇，我只選十篇，是一種提綱絜領的方式，謹以此敬告讀者，用以說明它是值得我們去讀的一本好書。

　　它注譯認真，校閱詳審，許多人名、官職、往古的地名都詮釋的十分明細清楚，是用過心力的結晶。黃鈞注譯，陳滿銘校閱，三民書局印行，2006 年 3 月三刷初版。

《六朝志怪小說》三篇

一、河間郡男女

晉惠帝（299）的時候，河間郡（今河北）有兩個青年男女私自相愛，相互許諾結為夫妻。不久，男的當兵去了，多年沒有回來，姑娘的家裡想把她另外嫁出去。姑娘不願意去，父母就逼迫她，沒有辦法只好出嫁了。

不久，姑娘就病死了。

那男的防守邊疆回來，詢問姑娘在什麼地方。她家裡人如實地說出了姑娘的遭遇。於是男的來到墓地，想為姑娘痛哭一場，然而，他感情上實在是受不住了，他就發掘墳墓打開棺材，姑娘隨即活了起來，於是小伙子就把她揹了回家。調養了幾天，姑娘就恢復了健康，居然和從前一樣了。

後來，姑娘的丈夫聽說了，就去要她。那個小伙子不給，說：「你的妻子已經死了，世界上誰聽說過死人還能再活過來？這是老天爺賞給我的，不是你的妻子。」

於是就打起官司來。郡縣都不能裁決，只好把案情上報廷尉，由廷尉來審理定案。

秘書郎王導上奏朝廷說：「用最大的真心誠意，感動了天地，所以能死而復生。這不是平常的事情，不能按照平常的禮法來判決此案。請把姑娘判給那個挖開墳墓的小伙子。」

朝廷聽從了王導的建議讓這對男女成為終生的伴侶。

二、廣陵散

　　嵇康（223-262）曾任魏中散大夫，性情豪放，志趣高尚，常常隨心所欲地旅遊憩息。有一次到西南方遊玩，在離洛陽城幾十里遠的地方，有一座驛亭名叫「華陽」，他便前往投宿。夜裡四周完全沒有人跡，唯有嵇康一人在驛亭之中。

　　這驛亭一貫有妖怪殺人，住宿的人都凶多吉少。嵇康心神發達閑散，一點也不感到駭怕。

　　到了一更時分，嵇康彈起琴來，先彈了幾曲小調，樂聲高雅脫俗，空中有人叫好。嵇康按著琴問道：「您是什麼人？」回答說：「我是個已死的人，埋在這裡已有幾百年了，聽到您彈琴，曲調是這樣的清越和婉，音樂是我過去的喜好，所以來聽聽。我不幸死於非命，身體被毀壞了，不適合與您相見，請您不要對我感到驚異和厭惡。你可再要彈幾首啊！」

　　嵇康重新為他彈琴，打拍子，談完之後對他說：「夜已經很深，為什麼還不下來呢？身體形骸的事情，又有什麼值得計較的？」

　　這人便用手提著自己的頭來到嵇康面前，說：「聽到您彈琴，我的心神不禁豁然開朗，彷彿突然起死回生。」於是同嵇康一同談論起音律樂理來。

　　他的言詞非常清晰明辨。後來他對嵇康說：「請您把琴給我試試。」嵇康就把琴遞給了他。這人彈了好些曲子，也都沒超過常有的範圍，

唯有《廣陵散》的曲調無以倫比，嵇康這才向他學習，半個晚上就全部學會了。而原先學到的樂曲都遠遠不及《廣陵散》彈的好。

這人要嵇康起誓，不得把「廣陵散」教給別人，也不得對別人說出他的姓氏。黎明時他對嵇康說：「我們雖然只是在今晚見過一次面，彼此間的友誼卻與千古厚交相同，從此永別了，叫人怎麼不惆悵呢？」

三、柏木枕

焦湖廟中的廟祝有一個柏木枕頭，保存了三十多年，枕頭後面有一裂開的小孔。

本縣人湯林做買賣。從焦湖廟經過時求菩薩賜福，廟祝對他說：「你結婚了沒有？你可以把身子靠近枕頭裂開的那一邊。」接著又叫湯林進入裂縫內。

湯林看到了朱紅色的大門，美玉裝飾的宮殿，玉石製成的歌台，都比人間的好。湯林謁見了朝中掌管軍事的宰相趙太尉，趙太尉替他辦了婚事，湯林的妻子生了六個孩子，四男兩女，趙太尉推薦湯林作了祕書郎，不久又升任皇帝近臣的黃門郎。

湯林在枕頭裡，快樂極了，完全沒有想回去的意思，後來終於遇到了不如意的事，廟祝於是讓湯林從枕裡到枕頭外邊來。湯林就又見到原先的枕頭。

廟祝對他說：「你在枕頭中過了那麼多年，但實際上只有一眨眼的功夫而已。」

四、結語

　　中國名著選譯叢書《六朝志怪小說》的收集計三十六類八十篇，我選三篇加以闡述，是依據其代表性、可信度與演譯源而採擇的。

　　三國、晉、宋、齊、梁、陳史稱六朝，除這志怪小說外，尚有《魏晉（六朝）異聞》、《世說新語》等雜錄人物軼聞瑣事，每有重疊出現，如曹操父子、阮籍、劉伶、王羲之家族等，茲依次做個小結。

1. 〈河間郡男女〉的終場，關鍵在秘書郎王導的建言：「用最大的真心誠意，感動天地，死而復生，成就姻緣。」王導是晉代的名宦，歷仕元帝、明帝、武帝三朝，出將入相，官至太傅。唐・劉禹錫的〈烏衣巷〉：「朱雀橋邊野草花，烏衣巷口夕陽斜。舊時王謝堂前燕，飛入尋常百姓家。」中的「王」，就說的是王導。

2. 《廣陵散》的主角嵇康，三國魏譙郡（今安徽）人，工詩文，通音律，善彈琴，與阮籍、山濤、向秀、阮咸、王戎、劉伶為友，常宴集竹林下，世稱「竹林七賢」。他們喜尚清談，以《易經》、《老子》、《莊子》為三玄之學。善嗜酒，行為怪誕不羈，神情恍惚。不務世俗，自視高人一等。有此歷遇自非偶然。

3. 因枕入夢，歷盡榮華富貴，醒來又一切依舊，〈柏木枕〉是表現這類題材最早的作品。其後著名的小說有唐代沈既濟的〈枕中記〉，李公佐的〈南柯太守傳〉，清代蒲松齡《聊齋誌異》中的〈續黃粱〉，戲曲有明代湯顯祖的《邯鄲記》等。

詩的鮮度
——李白、杜甫、趙翼三家詩

一、引喻不當

讀李白的〈清平調〉

　　李白（701-762）在長安供奉翰林時，一天唐玄宗與楊貴妃在興慶宮沉香亭前賞牡丹花，命李白寫新樂章，他奉命寫了這三首詩。詩的內容是歌詠名花與美人。第一首贊頌貴妃美如仙女；第二首寫貴妃勝過巫山神女和趙飛燕；第三首說名花與美人為君王帶來了愉悅。

　　其一：

　　雲想衣裳花想容，　彩雲衣服花兒面容，
　　春風拂檻露華濃。　像牡丹帶露沐春風。
　　若非群玉山頭見，　如在群玉山頭見不到，
　　會向瑤台月下逢。　在瑤台月下定相逢。

　　其二：

　　一枝紅艷露凝香，　紅艷的花綻放著凝香，
　　雲雨巫山枉斷腸。　巫山的神女突然斷腸。

借問漢宮誰得似？　　請問漢代宮妃誰比上？

可憐飛燕倚新妝。　　即使趙飛燕也靠化妝。

其三：

名花傾國兩相歡，　　名花與美人相得益彰，

長得君王帶笑看。　　常使君王帶笑欣賞。

解釋春風無限恨，　　消除春風而來的惆悵，

沈香亭北倚闌干。　　在沉香亭北倚著欄杆。

　　《李白詩傳》，是台灣淡江大學中國文學系專任教授陳冠甫（慶煌）撰著，台灣學生書局年前印行，以二十五首詩敘述大詩人李白的一生。其第十三首：「承恩入侍幾回聞，神氣飛揚醉草文。力士脫靴妃捧硯，軒然霞舉欲離群。」

　　詩下引註：「李白以文化背景特殊關係，故能通曉異族文字。李陽冰〈草堂集序〉說玄宗將太白『置於金鑾殿，出入翰林中，問以國政，潛草詔誥，人無知者。』又，魏顥〈李翰林集序〉也說：『上皇豫游召白，白時為貴門邀飲，比至半醉，令制〈出師詔〉，不草而成。』」

　　「傳言李白醉酒之際，高力士為之脫靴，楊貴妃為之捧硯，因而寫成了三首風流旖旎的〈清平調〉，自然獲得明皇、太真的寵愛，真飛揚跋扈，飄飄欲仙了。」

　　由於引喻失義（不當），將楊貴妃與被打入冷宮的趙飛燕相擬，高力士摘此瑕疵以挑撥太真；再加上品格不端的玄宗女婿張垍，以素忌李白詩文而極力讒毀，這都是天才疏狂，不知謹慎的緣故。

　　話說楊貴妃的原籍是廣西省容縣，出生於該縣的十里鄉楊外村，是我廣東省信宜縣的鄰縣。2006年端午節我回鄉探親，曾偕兒、孫到其地旅遊，真是山川秀麗，風景幽美。

　　高力士是廣東高州府人，正是我的老鄉。攀這數十輩拉不上的關係，算作題外的扯談吧。

二、回家探親

讀杜甫的〈羌村〉

　　唐，至德二載（757）五月，杜甫剛派任為左拾遺的小諫官，隨即發生了罷免宰相房琯事件。

　　房琯少好學，風度翩翩，擅於言說，玄宗朝拜吏部尚書。見肅宗辭吐順暢，帝為改容，琯請自將平賊（殺賊），敗被劾治，琯暱不報，事露帝怒罷為太子師。

　　杜甫上書勸諫，認為房琯罪小，不宜罷大臣。觸怒皇帝下獄查問。幸好新任宰相張鎬營救，杜始免罪。但從此杜即不為肅宗所喜，兩月後親自命其離開朝廷，回鄉探親。

　　其時他家住鄜州三川（今陝西）的羌村，抵達後與別離一年多的妻兒團聚，回顧生活艱難，百慨叢生，悲喜交集，寫了這一組詩。

其一：

崢嶸赤雲西，	赤紅的雲陣壓在西邊，
日腳下平地。	日光穿過雲陣照到平地。
柴門鳥雀噪，	籬笆門前鳥雀叫，
歸客千里至。	我從千里外回來。
妻孥怪我在，	妻子兒女奇怪我居然還在，
驚定還拭淚。	驚定後流眼淚。
世亂遭飄蕩，	世亂遭遇飄蕩，
生還偶然遂。	能夠回來是偶然的。
鄰人滿牆頭，	鄰人擠滿了牆頭，
感歎亦歔欷。	為我感嘆唏噓。
夜闌更秉燭，	夜深還點著蠟燭，
相對如夢寐。	相對好像在夢中相會。

其二：

晚歲迫偷生，	晚年卻被苟且偷生，
還家少歡趣。	回到家裡又沒多少興頭。
嬌兒不離膝，	嬌小孩不離去膝下，
畏我復卻去。	怕我又離去。
憶昔好追涼，	回想去年喜找涼快地方，
故繞池邊樹。	常環繞池邊大樹。
蕭蕭北風勁，	乎乎北風一個勁的吹來，

撫事煎百慮。	思量國事有許多的憂慮。
賴知禾黍收，	幸知今年禾黍豐收，
已覺糟床注。	已想像好酒從糟床流注。
如今足斟酌，	如今能夠自斟自酌，
且用慰遲暮。	姑且用來安慰遲暮。

其三：

群雞正亂叫，	一群雞正在亂叫，
客至雞鬥爭。	客人到時雞相爭。
驅雞上樹木，	把雞趕上了樹，
始聞叩柴荊。	始聞到友人敲我的柴門。
父老四五人，	原來是村裡四五位父老，
問我久遠行。	慰問我這次遠行。
手中各有攜，	手中都帶有禮物，
傾榼濁復清。	倒上濁酒一杯清酒一杯。
苦辭酒味薄，	解說這酒為什麼如此淡薄，
黍地無人耕。	是因田地無人去耕種。
兵革既未息，	戰爭沒有停歇，
兒童盡東征。	孩子們都打仗去了。
請為父老歌，	讓我高歌一曲，
艱難愧深情。	我慚愧對你們的深情。
歌罷仰天歎，	歌罷仰天長歎，
四座涕縱橫。	禁不住大家潸淚滿眶。

　　寫了這〈羌村三首〉外，杜甫另一首有名的〈北征〉五言長詩，也完成於這至德二載（757）。他探親回到家裡，依然關心時局，憂慮國事，把離京到家的見聞觀感和心中憂慮，用古詩形式寫了出來。

　　杜甫當時家住鄜州，在肅宗所在地鳳翔的東北，回家時向北走，所以標題為〈北征〉。

三、領導風騷

讀趙翼的〈論詩〉

　　李杜詩篇萬口傳，至今已覺不新鮮。

　　江山代有才人出，各領風騷數百年。

【賞析】：李白、杜甫兩位詩仙詩聖的詩篇，光芒萬象，人人爭相傳誦，但韶光流遞，如今他們的詩篇已不再令人覺得新鮮了。

　　意思是說李白、杜甫的時代已遠去了，世界上每個朝代都會有才人出現，他們的才華，他們的創作成就，都會領導文壇，並享有盛名數百年。

　　「江山代有才人出」，睥睨千古，雄心在抱，志負不凡。清代趙翼寫此詩，頗有長江後浪推前浪，彼可取而代之的氣概。

　　趙翼，乾隆時進士，殿試第三。個性倜儻，才調縱橫，頃刻千百言。又佐兩廣總督，台灣之平，籌畫為多，精史學，有廿二箚記，寔學足堪稱道。

　　個人私忖，詩似不能以「鮮」作論斷，若然則我們的許多文化瑰寶都要視之如糞土而毀棄了。

　　扣人心弦，挑動情感，使讀者引起共鳴，都是好詩，都值吾人捧誦欣賞。古詩十九首，夠老了，太不新鮮了，你能說它不好嗎？李白的〈清平調〉，杜甫的〈羌村〉自然也是好詩。

《元稹、白居易詩》

一、元稹詩四首

（一）離思：

　　這是一首著名的悼亡絕句，書寫了詩人對亡妻韋叢忠貞不渝的愛情和刻骨的思念。「曾經滄海難為水，除卻巫山不是雲」句，嚮為人所稱頌，世上有哪種感情能勝過自己與妻子之愛呢！過花叢懶於欣賞，足見思人之切；更裡層的意思乃是對任何佳麗不動情，說明其對亡妻深深的愛。

【原詩】：曾經滄海難為水，除卻巫山不是雲。取次花叢懶回顧，半緣修道半緣君。

【譯文】：大海之中再無寬深的水，除了巫山沒可稱的雲。信步花叢不值一顧，這一半因是修道一半為君。

（二）行宮：

　　唐玄宗李隆基前期勵精圖治，出現了史家艷稱的開元盛世。但他晚年荒淫昏瞶，又導致安、史叛亂，從此大唐帝國一蹶不振。本詩可能在唐憲宗元和四年（809）作於洛陽，以當年唐玄宗在洛陽的行宮為題，強烈地抒發了今昔盛衰之感。

【原詩】：寥落古行宮，宮花寂寞紅。白頭宮女在，閑坐說玄宗。

【譯文】：往日的行宮真寥落啊！宮中花朵寂寞一片紅。已白了頭髮健在的宮女，閑聊說的離不了玄宗。

（三）酬樂天舟泊夜讀微之詩：

元稹與白居易同遭貶謫，彼此詩篇贈答往來不絕。白居易原詩為《舟中讀元九詩》，寫於赴江州途中。本篇則寫於通州任所，時為元和十年（851）。

【原詩】：知君暗泊西江岸，讀我閑詩欲到明。今夜通州還不睡，滿山風雨杜鵑聲。

【譯文】：得知你暗夜裡停泊在西江岸邊，閱我消閑的詩將要讀到天明。今夜我在通州也不能入睡，滿山風雨聲中只聽得杜鵑的哀鳴。

（四）歲日：

詩人在歲日回憶逝去的一年往事，只覺得空幻如夢，由此而悟到自己的一生也無非如此。這種落寞的情懷顯然是他處於政治逆境相聯繫的，是消極思想的表現。

【原詩】：一日今年始，一年前事空。淒涼百年事，應與一年同。

【譯文】：新的一年從今開始，回想舊的一年往事成空。人生百年中事事淒涼，該與那逝去的一年相同。

二、白居易詩四首

（一）賦得古原草送別：

　　獨具慧心，別開生面，將古原的野草和送別的離愁聯繫起來，虛實結合，情景交融而意味深長。前六句極力形容野草頑強的生命力，大地春回，生長茂盛，近侵古道，遠接荒城。

【原詩】：離離（茂盛）原上草，一歲一枯榮。野火燒不盡，春風吹又
　　　　生。遠芳侵古道，晴翠接荒城。又送王孫去，萋萋滿別情。

【譯文】：茂盛的古原春草，年中枯萎了又昌榮。野火燒它不盡，春天
　　　　來了它又生。遠處的春草佔滿古道，翠綠一片連綿荒城。我
　　　　又在這裡送友人遠去，充塞了滿懷的離情。

（二）李白墓：

　　李白詩名垂於千古，但生前遭遇不幸，漂泊淪落。死後蕭條，墓地簡陋。白居易所見，當是范傳正未遷葬時的舊墓，「墳高三尺，日益摧圮」（范傳正《唐……李公新墓碑》）。斯人而有斯遇，詩人憑弔之際，自是感慨萬千。

　　詩中寫出墓地的荒涼，對李白詩文成就表示了由衷的推崇和欽慕。而對其一生潦倒，更寄了無限的同情。

【原詩】：采石（今安徽）江邊李白墓，繞田無限草成雲。可憐荒壠窮
　　　　泉骨，曾有驚天動地文。但是詩人多薄命，就中淪落不過君。

【譯文】：采石江邊有一座李白的孤墳，無邊的草圍繞遠接白雲。可悲
　　　　這荒墳穴中的枯骨，曾寫過驚天動地的詩文。但是詩人多舛
　　　　命，沒人倒楣過李君。

（三）問劉十九：

　　這是以詩代簡，邀請友人小飲的五言絕句。一個小巧的泥爐，一壺
新釀的酒。二三知己圍爐把盞，一同消磨欲雪的黃昏，情景悠閑、高雅，
充分表現出士大夫的生活趣味。詩以是否前來作結，能不欣快就道嗎！

【原詩】：綠蟻（酒面上綠色的泡沫）新醅酒，紅泥小火爐。晚來天欲
　　　　雪，能飲一杯無？

【譯文】：新釀的酒浮著綠色泡沫，伴著小小的紅泥火爐。天快黑了像
　　　　是要下雪，能到我這兒來喝一杯嗎？

（四）暮江吟：

　　詩中寫黃昏江上動人的景色：首句以陽光平鋪江面顯示夕陽的返
照；次句以半青半紅寫出江面色彩的變化；第三句以「可憐」（可愛）
點出季節和時間；第四句以「珠圓」、「弓彎」形容露水和新月的型態。
詩人由司馬升杭州刺史，由閑職步入可作為的領域，旅途欣快，觀察
入微，比喻貼切，韻味深長。

【原詩】：一道殘陽鋪水中，半江瑟瑟（碧綠的樣子）半邊紅。可憐（可愛）九月初三夜，露似珍珠月似弓（月初顯）。

【譯文】：一道夕陽的餘光平鋪江中，江水半邊碧綠半邊紅。可愛這九月初三的夜晚，露水像珍珠新月像是弓。

三、結語

　　元稹（779-831），壽五十三歲，字微之，祖籍河南洛陽，生於長安萬年（今陝西西安）。父名元寬，母鄭氏。八歲喪父，家境貧困，隨母寓居鳳陽，依舅父為生。秉性聰慧，九歲學詩，十歲讀經，十四歲赴京應試，於貞元九年（793）十五歲明經及第。

　　白居易（772-846）壽七十五歲，字樂天，祖籍太原，曾祖父白溫遷居下邽（今陝西渭南）。祖父白鍠曾為河南鞏縣的縣令，置田宅於河南新鄭，白居易即生於此。他少有大志，刻苦攻讀，晝夜不息，甚至「口舌成瘡，手肘成胝（長厚皮）」，為他應進士舉和文學創作打下了基礎。

　　雖然白居易長於元稹，且詩藝也高元稹，尤其白的〈長恨歌〉與〈琵琶行〉傳誦千古，但歷來元、白並稱，仍在排名次序元先白後。

〈遣懷〉與〈贈別〉
──讀杜牧的兩首詩

一、遣懷

落魄江南載酒行，	窮途潦倒，失業無依，在江湖上沉醉流浪，
楚腰纖細掌中輕。	對那柳腰纖細款擺，掌上可舞的佳麗；
十年一覺揚州夢，	十年廝混，情難割捨。時光迅驟過去，前塵如夢，
贏得青樓薄倖名。	追想在這天下最繁華富庶的揚洲，自己處處顯得寒酸刻薄，未能好好的回報青樓佳人，內心深處，愧怍難已。

　　杜牧，字牧之，唐京兆府萬年縣人（今西安），德宗貞元十九年（803）出生，是宰相杜佑的孫兒。文宗大和二年（828），他二十六歲進士及第。同年他應制舉登科，授官弘文館校書郎，試左武衛兵曹參軍。不久即出佐江西觀察使沈傳師幕，一度擢為監察御史調回長安。很快又分司東都洛陽，接著又去宣歙（今安徽）觀察使幕府任職。

　　他家世顯赫，人際關係好，官不離身，做過的如：京左補闕、史館修撰、膳部員外郎。黃州、池州、睦州、湖州刺史，司勳員外郎、考功郎史知制詔、中書舍人等。大中六年（852）病故，活五十一歲。

　　既然從未失業，且青雲得意，佔著高級官位，何以又稱落魄江湖？深入推想，他是個多情種子，長住妓館，處處留情，對異性汎愛，常感對她們虧欠，有一種報答無盡之意潛藏心底。

二、贈別

多情卻似總無情，	情太多了，反而似全然無情，
惟覺樽前笑不成。	遠離在即，心緒激動，感懷萬端，對酒當歌，但苦酒滿杯，想強顏歡笑也笑不成。
蠟燭有心還惜別，	蠟燭有心（芯）為我們惜別，
替人垂淚到天明。	都替吾人垂淚到天明，那我們自更惆悵無限了。

　　大宗大和九年（835），三十三歲的杜牧，由淮南節度府掌書記真拜監察御史，離揚州赴長安任職，與妓女餞別，依依不捨，賦成此詩。

　　杜牧所寫的這兩首詩外，尚有〈杜秋娘詩並序〉：「京江流水清且滑，生出女子白如脂。中有名叫杜秋女，更不需用脂粉施。……」；〈張好好詩並序〉，她是老姘頭、舊相好，久別重逢，萬分歡欣：「您是南昌佳麗人，當年十三才有餘，像嫩綠的鳳尾剛生芽，像暈紅的蓮花還含苞。……」

三、結語

　　話說杜為御史，分務洛陽，時李愿司徒罷鎮閒居，聲伎豪華為當時第一，洛中名士咸謁見之。李乃大開筵席，當時朝野權貴，莫不參加，以杜牧是當今御史糾察百官風紀之人，不敢邀他。杜派人會愿，願赴盛宴，李只好邀他。

　　杜本已獨酌酣暢，聞命即往，時女奴百餘人皆特藝絕色，牧向南獨坐，瞪目注視，滿喝三杯，問李云：「聞有個名叫紫雲的，那個是？」李指示之。牧凝看良久，曰：「名不虛傳，宜以見贈。」李俯笑允，諸伎亦皆歡呼。

　　杜又自飲三杯，朗吟而起曰：「大謝見惠！」意氣閑逸，旁若無人。（見葉慶炳《中國文學史》）

《唐五代筆記小說》十則

一、文德后賀太宗

　　唐太宗有一次下朝回宮，生氣的說：「應當殺掉這個莊稼漢！」長孫皇后問：「誰冒犯了陛下？」太宗說：「還有誰能超過魏徵，總是在朝廷上跟我爭論，羞辱我，讓我心裡不快。」

　　皇后回到了房裡穿好了朝服，站在廳堂上。太宗驚訝的說：「皇后為什麼這樣？」皇后回答說：「妾聽說主上聖明，臣下就忠誠。現在陛下聖明，故此魏徵才能大膽、直率的說話。妾有幸在宮裡充數怎麼敢不恭賀呢？」

　　唐太宗因魏徵直言勸諫而發怒，如果長孫皇后當即為魏徵說好話，很可能無濟於事，皇后卻換上朝服祝賀，這顯示皇后深明道理而又善於規勸。

二、李勣為姐煮粥

　　英國公李勣雖然地位尊貴到了作僕射這樣的大官，但是他的姐姐生病時，他必定親自煮粥，燒鍋時還常常被火燒到鬍子。

　　她的姐姐說：「奴僕俾女很多呀，為什麼要這樣勞苦自己呢？」李勣說：「難道因沒人嗎？只是姐姐現在年老了，即使我想長久的為姊姊煮粥，還能做得到嗎？」

這則故事表現了李勣對姐姐的尊敬和友愛。兄弟姐妹和睦相處，互敬互愛，是我國的傳統美德。

三、唾面自乾

李昭德任內史，婁師德任納言，有一次兩人一起上朝。婁師德身體肥胖，走路慢，李昭德幾次回頭看他，他還不能立刻跟上，李昭德就發火了，說：「真恨死人，這個鄉巴佬！」婁師德聽了不生氣，反而微笑說：「我不是鄉巴佬，還有誰是？」

婁師德的弟弟出任代州刺史，上任前，婁師德對他說：「我沒有才幹，當上了宰相，你現在又當上了一州的長官，不應該佔有的已經太多，是受人忌妒的。要怎樣才能保全父母給我們的身體呢？」他弟弟直身跪著說：「從今以後，即使有人把唾沫吐在我的臉上，我也不敢說話，只把它擦乾罷了。希望能免除哥哥擔憂。」

婁師德說：「這正是你說的使我擔憂的呀！那人朝你吐唾沫，是向你發怒。你如果擦掉它，就是厭惡他吐唾沫才擦去的，正好是頂撞了那人的怒氣。唾沫不擦，會自己乾掉，不如笑著接受它！」

武后統治時期，婁師德始終能保持住榮寵厚祿，大抵靠的是這種辦法。

「唾沫自乾」，是著名的故事。但婁師德在官員性命朝不保夕的武則天時，能夠保持祿位，說明這是統治階層內部鬥爭中用來保全自己的一種處世之道。

四、韋相拒碑志

長安城裡，人們爭著為死人做碑志，就像做買賣一樣。大官去世後，上門的人多的像集市，甚至互相爭吵，想盡辦法把作碑志的事情攬到手，喪家也做不了主。

當時，以財物結交權貴，任將相十多年的裴均死了，他兒子想為父親謀取名譽，準備了一萬匹絹帛，請宰相韋貫之作碑志。韋貫之揚揚手說：「我寧可餓死，也不屈意做這種事。」

唐代文人和士大夫因接受請託和貪圖財物。為人作碑志常揄揚過實，被諷為「諛墓」，連大文學家韓愈都未能擺脫這種風氣。

五、楊國忠子得上第

楊國忠的兒子楊暄參加明經科考試，禮部侍郎達奚珣主考。楊暄考的不合格，達奚珣準備將他除名不選，又畏懼楊國忠的權勢而不敢確定下來。當時楊國忠隨皇上在華清宮，達奚珣的兒子達奚撫任會昌縣尉，達奚珣急忙派遣使者送信給達奚撫，讓他去見楊國忠詳細報告這情況。

達奚撫到達楊國忠任所的時候，剛剛敲過五更鐘，火炬排列在門口，主人正要上朝，車馬眾多，就像到了集市一樣。楊國忠正要上馬，達奚撫快步走進去，在燭光下拜見他。楊國忠料想楊暄必定在入選人

當中，摸著傘蓋微笑著，神態很愉快。達奚撫就告訴他說：「我奉父親之命報告，相國的兒子考試不及格，但不敢隨意除名。」

　　楊國忠聽了，勒馬倒退，大喊起來：「我兒子還擔憂不富貴麼！難道為了一個科名，讓小子們鼠輩坑害嗎！」說完，看也不看一眼就乘馬走了。達奚撫又驚又怕，急忙奔去告訴父親說：「楊國忠倚仗權勢傲慢自尊，能在指顧之間把人搞垮，或是讓人飛黃騰達，怎麼能與他辨別曲直呢？」達奚珣就把楊暄排在上等。

　　不久，楊暄做了戶部侍郎，達奚珣才從禮部侍郎升任吏部侍郎，兩人成為同僚。楊暄和親友說起來，還嘆息自己升官緩慢，卻說達奚珣升遷迅速。

　　故事揭露了楊國忠的專橫跋扈，從大罵以及「不顧，乘馬而去」等語，可見其氣焰薰天。

六、白居易謁顧況

　　白居易尚書應進士科考試的時候，第一次到京城（長安），帶著詩作拜見著作郎顧況，顧況看過姓名，盯著白居易說：「米價正貴，居住也不容易。」於是打開詩卷，第一篇寫道：「離離原上草，一歲一枯榮。野火燒不盡，春風吹又生。」立刻讚嘆起來：「說得出這話，居住就容易了。」以後顧況就到處稱讚白居易，白居易聲名大振。

　　這是一則廣為流傳的文壇佳話。顧況是當時的著名詩人，他前後就白居易的名字所說的兩句話，分別顯示出他的詼諧性格與愛才心理。作者以顧況的態度變化，襯托出白的超眾詩才。

七、閨婦歌

　　校書郎朱慶餘在中進士第前，受到了水部郎中張籍的賞識，他要求朱慶餘詩作中的幾卷詩，誦讀改寫後，只留下二十六篇，張水部放在懷裡隨身攜帶，到處宣揚讚美。

　　文學之臣由於張籍富盛名，沒有人不抄寫誦讀這些詩。朱慶餘就此科舉中第。先前，朱慶餘還做了表示謙遜的一首〈閨意〉詩，投獻張籍。張籍了解他的含意，隨即寫了和詩。

　　朱慶餘的詩說：「洞房昨夜傳紅燭，待曉堂前拜舅姑。妝罷低聲問夫婿，畫眉深淺入時無？」張籍郎中酬答說：「越女新妝出鏡心，自知明豔更沉吟。齊紈未足人間貴，一曲菱歌敵萬金。」朱慶餘的才學，由於張籍這首詩的稱讚，名聲流傳於天下。

　　著名詩人張籍不遺餘力的推崇朱慶餘，使他名聲遠揚，科舉中第，表現出提攜英才的寬廣胸懷。

八、趙悰及第

　　趙悰的岳父是洪洲（南昌）的大將，趙悰因為多次進京應試不中第，越來越窘迫，妻子的族人越發輕視他，即使岳父母也避免不了這樣的看待。

有一天，軍中舉行盛會，大將家裡的人都搭起棚子觀看。趙憬的妻子雖然貧窮，卻不能不去。但他穿的衣服又破又舊，大家都用帳幕和他分隔開。

盛會正熱鬧，觀察使忽然派小吏騎馬來喊大將，大將有些害怕，到觀察使那裡時，觀察使站在門前，手裡拿著一封信，笑著說：「趙憬不是你的女婿嗎！」大將說：「是。」於是觀察使告訴他：「剛才有通知送來，趙憬已經中第了。」就把手中的信交給了他，原來是中第名單。

大將急忙拿著名單跑回去，喊著：「趙郎已經中第了！」妻子的族人立刻撤掉帳幕，拉著她坐在一起，竟然還送給她手飾和衣服表示慶賀。

大家都熟悉《儒林外史》「范進中舉」的故事，本文反映的是類似的情況。

九、崔護題詩

博陵（今河北）人崔護，天資很高，但潔身自好，很少有合得來的朋友。他應進士試落選。清明節的時候，一個人到京城南郊遊玩，偶然走到一家莊院前。那宅院佔地一畝大小，而花木茂盛。裡面靜寂的像沒人居住。他敲了半天門，有個女子在門縫裡看他，問道：「什麼人呀？」崔護報了自己的名字說：「春遊口渴，想要些水喝。」女子進去，端了一杯水出來，打開大門，擺椅子請他坐，自己靠著小桃樹的斜枝久久的站著，情意深重，容貌漂亮，姿態可愛，非常美麗，崔護告別，她送到門口。

到了第二年的清明，他忽然想起那女子，感情壓抑不住，逕自到那裡去找她。那大門還像原來一樣，卻已經上鎖了。他就在左邊的門扇上提了一首詩：「去年今日此門中，人面桃花相映紅。人面只今何處去，桃花依舊笑春風。」

幾天以後，崔護偶然到京城南郊，順便又去那裡尋訪，聽見院子裡有哭聲，就敲門詢問，有個老大爺出來說：「你是不是崔護啊？」回答說：「是的。」

老大爺哭著說：「你殺死了我的女兒。」崔護吃驚的跳起來，不知道怎麼回事。老大爺說：「我女兒十五歲，能通文墨，還沒有嫁人，從去年以來，常常心神不寧，像掉了魂一樣。前幾天和她一起出去，回來的時候，看見左邊門扇上寫有字。她讀了以後，進門就生了病，幾天裡不肯吃東西，死了。我老了，這個女兒還沒有嫁出去的原因，是想要找到合適的君子來託付我的晚年，現在她不幸死掉了，難道不是你殺的嗎？」說完，哭的更傷心了。

崔護也很感動悲傷，請求進門哭她，她還容貌如生的躺在床上。崔護抬起她的頭，按著她的腿，哭著祝禱說：「我在這裡，我在這裡。」一會兒，她睜開眼睛，過了半天她復活了。老大爺喜出望外，就把女兒嫁給了崔護。

崔護，字殷功，唐德宗貞元年間中進士第，官至嶺南節度使。所提的詩，見於多種版本，只有第三句「人面只今何處去」中的「只今」版本多為「不知」，似乎應以「不知」較妥。至於那女的死而復生，成就姻緣，想附會吧！

十、梁震改名

梁震先輩（先輩：唐代進士相互間的敬稱），是四川人，原來名黽。僖宗在四川的時候，他正在學習科舉考試的科目。當時劉象先輩跟隨皇上車駕在四川，梁震拿所做的詩文投獻給劉象，劉象大體上吟詠了一下梁震的詩以後，說：「憑你這樣年輕，才思清新秀美，不會多久就能成大器。但如果不改名字，就無法顯赫通達，為什麼呢？因為『黽』字是『雨』下面一個『謁』字，在雨下面謁見人，怎麼能見到呢？今後請把『黽』改成『震』。『震』字下面是一個辰，辰代表龍。龍遇見水就會變化，像魚燒掉尾巴變成龍那樣的事，不是很合宜嗎？」

梁震改了名字之後，果然中第，排在上等，名聲傳播諸侯間。高季興令公之徵召他往荊南，把文字、謀略的事委託給他，他卻始終不擔任幕僚的職務，擔心因此會玷污了以前的名聲。

改易名字，希望名實相符。日後通達顯赫，是一般人的心理狀態。梁震改名，尚算平寔，還有因占卜、八字、沖尅而改名，較為荒誕。

十一、結語

《唐五代筆記小說》，是「中國名著選譯叢書」中的一部，據原書前言說：「本書採用唐五代筆記三十六種，選錄一百一十四則，按照作

者和成書時代先後排列。」本文選取其中內容健康有故事性的十則加以闡引。在意於為人喜愛，我們可以接受。

　　歷史是連貫的，《唐五代筆記小說》是當時社會狀況的全面反映，內容有許多被官修的《新唐書》、《資治通鑑》所採用。

　　後世的小說、戲劇也常常取材於此。謹此敬陳。

《宋代筆記小說》十則

一、鬥雞

番禺即舊廣州。番禺人酷愛鬥雞，那些外來的「番人」更甚。雞出產番禺的，特別兇猛善鬥。

鬥雞的方法，約定分為三個間段：開始鬥打一會兒，這隻雞失利，牠的主人抱著雞稍事休息，除去口液並飲水，養足力氣，這是第一個間段。再次打鬥而那隻雞失利，牠的主人也抱著雞稍事休息，像前一隻雞那樣養足力氣再鬥，這是又一個間段。最後一個間段，兩個主人都不得參與，兩隻雞的勝敗生死就此判定。雞開始打鬥時，用爪猛擊，稍為疲勞，便迴旋相啄。一下子啄到合適的地方，嘴就牢牢咬住不放，再用爪來幫助。能夠這樣鬥的一定勝利，牠的主人自就喜形於色。

「番人」的鬥雞就更甚了，所謂芥肩、金距都用上了。芥肩、是把芥末灑到雞的翅下。兩隻雞鬥到一半，感到疲勞時，互相圈著打轉，趁機把頭鑽到對方的腋下，再翻轉身來相啄，因為芥子瞇住敵雞的眼睛，由而用以獲勝。金距，是像雞爪一樣的薄刃，裝套在雞爪上，開始奮擊，一揮爪有時能夠切斷對方的頭。大概金距取勝在鬥打的開始。芥肩取勝在鬥打的終了。小人好勝做這種凶狠毒辣的事，致使小動物不得生，從三代以來就被斥責的了。

　　「番禺」是廣州的舊稱。現今的番禺，則屬於廣州近郊的區塊。因「番」是指外國或外國來的意思，如「番邦」、「番人」（洋鬼子），故廣州人唸「潘」不唸「番」。1945 年對日抗戰勝利，我隨部隊往廣州接收，即是此地。

二、建築師喻浩

　　開寶寺塔在京城各塔中最高，結構精緻，是建築師喻浩所建造。塔剛建成，看上去不正而向西北傾斜。人感奇問他，他說：「京城地勢平坦沒有山丘，而多颳西北風，吹上不到一百年，塔身一定會正的。」國朝以來的木工，他是獨一的人才。直到現在木工都取法於他。他有《木經》三卷傳世，在各地通行不輟。

　　宋代著名的木構工程師喻浩，他設計建造的汴京開寶寺塔至歐陽修記此文時還保存著。寺有房二百八十區，二十四個院落，位在河南開封，是皇帝經常遊賞和祈禱的地方。

三、呂蒙正辭讓恩蔭

　　中書令呂公蒙正，曾經三次入相，在本朝只有他與趙普韓王是這樣的。他從來未有替自己的姻親謀求朝廷的祿位。兒子呂從簡應該奏

補官職，當時他正擔任宰相，按照舊制宰相申奏兒子授官，一開始就授予水部員外郎，並加給升朝官的散官階。

公上奏說：「臣以前愧取甲科及第，初次做官也只授給九品京官，而況天下有才能而老死岩穴不能分到點滴俸祿的不計其數。如今臣的兒子剛離開襁褓，一點事情都不懂，卻要接受朝廷的這一恩典，恐怕會遭到鬼神的譴責，只求拿微臣剛做官的官職授給他。」

堅決辭讓再三朝廷才答應，只授與九品的京官，從此立為定制。

呂蒙正字聖公，河南洛陽人，太宗太平興國二年（977）狀元，太宗、真宗時三次入相。古代社會做大官的兒子也可恩蔭做官，他自動提出降低兒子恩蔭授官的品秩，難能可貴。

四、丘浚智打珊僧

丘浚在杭州時曾經去拜訪一個法名叫珊的和尚。這個和尚對他十分傲慢，一會兒，有個州將的子弟前來拜訪，珊和尚走下台階前去迎接，極其恭敬。丘浚氣憤不過，等那個子弟走後，便問珊和尚說：「你和尚接待我丘浚十分傲慢，接待州將的子弟卻這樣的恭敬啊！」珊和尚說：「迎接就是不迎接，不迎接就是迎接。」丘浚突然起身，打了珊和尚幾棍子，說：「和尚不要見怪，打就是不打，不打就是打。」

丘浚字道源，今安徽人，宋仁宗天聖五年（1027）登進士第，歷官殿中丞，精通《周易》。佛教中頗有些人並不遵照教義行事，這個珊和尚的勢利就是如此。

五、繳租農評《鬥牛圖》

馬正惠公曾經珍愛他所收藏的名家戴嵩畫的《鬥牛圖》，空閒時把它展晒在廳前。有個交租的農民見了暗暗發笑。公懷疑起來，問什麼緣故。回答說：「我種田人不懂得畫，但熟悉真的牛。當牛打架的時候，把尾巴緊緊地夾在兩股中間，即使身強力壯的人使盡全身力氣也不能拉它出來。這幅畫卻豎起尾巴，似乎不像了。」公為之嘆服。

這則筆記記述，一位普通農民便看出唐代名畫家戴嵩鬥牛的破綻。這應該是常識，由而顯出檢驗實際事物的重要。

六、米芾嗜書畫

米芾的書法和繪畫極其奇妙，從別人處借來古本親自臨拓，完成後把臨本和真本一起還給人家，讓人家自己挑選一份，而人家竟然不能辨別，用這種方法弄來人家的古本很多。

蘇東坡屢次寫詩譏笑他，在替王羲之和王獻之墨跡所撰跋尾就說：「錦囊玉軸來無趾，粲然奪真擬聖智。」又說：「巧偷豪奪古來有，一笑誰似癡虎頭（東晉大畫家顧愷之痴絕）。」黃山谷也有詩戲他。

米芾字元章，今江蘇人，以恩蔭得官，能詩文、擅書畫，與蔡襄、蘇軾、黃庭堅合稱北宋四大書法家。精於臨摹，強取豪奪了不

少名迹，以此方式，搜集不少名家作品，但實非所宜。當時人寫詩嘲弄他。

七、捧硯得全牛

石曼卿有一天對和尚秘演說：「館職的俸錢微薄，不能痛飲，而且同僚中能借的都借了，怎麼辦呢？」秘演說：「我不久就帶一個酒主人來拜訪你，你不能不見。」

沒有幾天，他帶了一個納粟得官的牛監簿來，此人有錢好義，每天收入房租幾十貫。常對秘演說：「我雖然薄有資產，但地位低賤，我仰慕尊師，結識交遊的都是館閣名士，如果你們遊玩的錢不夠，不要不好意思告訴我。」秘演於是帶他去謁見石曼卿，叫他準備好宮酒十擔作見面禮，把酒擺在庭院裡，由秘演遞上了名片。

石曼卿驚愕地問道：「這是誰？」秘演說：「就是上次與你說的酒主人。」石曼卿不得已請他進來。一天公休，約好秘演一起登名勝繁台寺閣。秘演預先叮嚀這牛生，把食具擺好在閣上，器皿精緻，在都城裡可稱第一。石曼卿和秘演高聲歌唱解下衣帶，一直喝到夕陽西下。

石曼卿醉中高興地說：「這次遊玩應該記下來。」用盆子浸墨，拿起一支大筆濡墨題字道：「石延年曼卿同空門詩友老演登此。」這牛生拜求道：「我這個低賤之人有幸陪侍，請求掛上個名字來光輝一下我這個賤跡。」

石曼卿雖然大醉，但仍然著筆沉思，沒有好辦法來拒絕他，於是用眼睛暗示秘演，秘演醉舞伴聲提醒道：「大武生是牛啊，讓他捧硯就可以了。」石曼卿終於推辭不掉，題了「牛某捧硯」。

歐陽修寫詩開玩笑說：「捧硯得全牛。」

石曼卿，今河南商丘人，秘演、當時有名的和尚，會做詩。北宋的館職是令人羨慕的清貴官職，但俸祿甚少，乃出現這石曼卿受富人牛監薄之邀赴宴繁台寺閣的故事。

八、張丞相草書

張丞相喜寫草書而寫不好，當時同輩都嘲笑他，可張丞相一如既往。有天，他想好了詩句，要過筆很快地寫下來，滿紙龍蛇飛動，叫侄兒抄寫，抄到波折怪險之處，侄兒罔然停筆，拿著原稿問道：「這是什麼字啊？」張丞相仔細看了很久，自己也不認識，責怪侄兒說：「你為什麼不早來問我，以致連我也忘記了。」

張丞相：張商英，字天覺，蜀州新津人，宋英宗時進士登第，神宗時參與變法，徽宗朝歷任尚書右丞、左丞、右僕射。寫草書自己不認識還罵人，可能是某些書法家的通病！

九、歐陽脩「三上」作文章

歐陽文忠公對謝希深說：「我生平寫文章，大都在『三上』，就是馬背上，枕頭上，廁所上。」因為只有在這「三上」才可以全神貫注思考啊！

歐陽文忠公：歐陽脩，字永叔，號醉翁，江西吉安人，仁宗時登進士第，是著名的文學家、史學家。謝希深：謝絳，字希深；今浙江富陽人，宋真宗時進士第。

十、書楊樸事

往年路過洛陽，聽到李公簡說：「真宗東封（封禪）以後，訪求天下的隱士，找到杞人（河南）楊樸，會做詩。等到真宗召見他談話，他自己說不會做詩。」皇上問：「臨走時有人寫詩送你嗎？」楊樸說：「只有臣妻寫了一首詩說：更休落魄眈杯酒，且莫猖狂愛詠詩。今日捉將官裡去，這回斷送老頭皮（指把腦袋丟了）。皇上聽罷大笑，放他回山裡去了。」我在湖州（浙江）因為做詩被押赴詔獄，妻和孩子送我出門，都哭了，沒有話好說。我看著妻子說：「難道你不能夠像楊處士妻那樣寫詩送我嗎？」妻不禁笑了起來，我才走出了家門。（原註本則錄自《蘇軾志林》卷二）

　　蘇軾被人誣告捕捉，能用楊樸之妻作詩的故事來為送行的妻子說笑解憂，勾畫出他臨危不懼和善於自我排解的幽默性格。

十一、結語

　　中國名著選譯叢書《宋代筆記小說》原著收載長短不一的《小說》70 則，我擇其中 10 則加以引述。原書每一則的作者都有署名。對讀者自多裨助。我每則先陳原文，附加介評，期能做到眉目清晰。

《宋代傳奇》三傳

一、綠珠傳

　　綠珠，姓梁，白州博白縣人（今廣西）。唐代武德初年，討平了後梁蕭銑，在這裡設置南州，隨即改為白州。當地風俗，以珠為最好的寶物，因此生了女兒叫「珠娘」，生了兒子叫「珠兒」，綠珠的名字，就是這樣來的。

　　石崇任交趾採訪使的時候，用三斛珍珠買下綠珠。她會吹笛子，又善於舞《明君舞》。明君是漢代的妃子。漢元帝的時候，匈奴呼韓邪單于來朝見，漢元帝下詔把王嬙許配給他，王嬙就是王昭君。王昭君將要隨呼韓邪單于離開的時候，入朝辭別皇帝。見她光采照人，皇帝也後悔了，但卻沒法更改。

　　石崇有一千多個美豔姬妾。他選了幾十個，妝飾得一模一樣，站在一起看過去，互相沒有分別。給她們戴上用玉刻成的倒龍珮，用全絲繞成的鳳凰釵，讓她們衣袖相接，繞柱而舞。想要召集其中一人，不喊姓名，只聽珮的聲音，看釵的顏色，珮聲輕的在前面，釵色豔的在後面，照這樣編成行列，依次而進。

　　趙王司馬倫作亂，賊黨孫秀派人索取綠珠。當時石崇正登上涼觀，面對一灣清水，姬妾們立在一邊侍候。孫秀派來的人說明來意，石崇叫出好幾十個侍婢給他看，一個個都香氣馥郁，身著綾羅，說是任他

選擇。使者說：「君侯的姬妾是夠漂亮的，但我奉命指名索取綠珠，不知哪一個是？」石崇勃然大怒，說：「那是我所愛的人，你們得不到她！」孫秀因此在司馬倫那裡說石崇的壞話，要滅他的族。派來捕捉他的兵很快就到了，石崇對綠珠說：「我現在因你而獲罪了。」綠珠哭道：「我情願在你面前獻出生命。」

石崇極力阻止她，但她還是跳樓了。石崇也被處死，並暴屍東市。當時人稱那座樓為「綠珠樓」，樓在洛陽城東南。綠珠有個徒弟叫宋韓，非常美麗，擅吹笛子，後來進了晉明帝的宮裡。

現在白州有一條河，從双南山流出，匯入容州江，稱為「綠珠江」。這裡就像歸州有昭君灘、昭君村、昭君塲，江東一帶有西施谷、脂粉塘一樣，都是取美人的出生或生活過的地點作名稱的。

牛僧儒的《周秦行紀》中說，他夜裡在薄太后廟裡過宿，見到了戚夫人（都是劉邦嬪妃）、王嬙、太真妃（楊玉環）、潘淑妃，各人賦詩表明志趣。另外有個會吹笛的女子，容貌很漂亮，是跟潘淑妃一起來的。薄太后讓她挨著坐下，叫他吹笛子。太后看著妃對牛僧儒說：「認識她嗎？這是石家的綠珠，潘妃收養她當妹妹，在一起生活。」

太后說：「牛秀才遠道而來，今天誰去陪伴他？」綠珠說：「石衛尉（石崇）性格嚴格嫉妒，今天我死也不能亂來。」這事雖是詭異荒誕，但也聊以供人一笑。

石崇的遭殃，雖然由綠珠開始，但禍殃的根源早就在積累的了。他曾經在任荊州刺史時，劫奪遠來的使者，沉殺過往客商，發了橫財，成了豪富。每次請客設宴，讓美人一一斟酒，客人不把酒喝完，就叫黃門官殺掉美人。丞相王導和大將軍王敦曾經一起去看望石崇。王丞

相一貫不能喝酒，只好勉強把一杯喝下，以致大醉。輪到大將軍時，故意不喝，看他怎麼辦。結果就斬了三個美人。

綠珠死去已幾百年了，詩人還一直詠嘆不止，這是什麼原因呢？這是因為一個婢女，沒讀過書，卻能感懷主人的恩遇，奮不顧身地來報答，志氣剛烈，凜然難犯，確寔足以引起後人的仰慕歌詠。

二、趙飛燕別傳

趙皇后腰肢特別纖細，善於扭著腰肢走路，就像人手拿著柔軟的柳枝一樣，顫巍巍的，別人沒有一個能學會的。她在陽阿主家時，號稱「飛燕」，入宮後，又把自己的妹妹荐引入宮，得到漢成帝的寵愛，封為昭儀。昭儀特別善於談笑，她骨格清秀，肌膚潤滑。姐妹二人都可稱天下第一，姿色壓倒後宮。自從昭儀入宮，皇帝就連東宮飛燕那裡也去得少了。

皇后日盼夜想得個兒子，以便鞏固自己永久地位，經常用小牛車裝載年輕人進宮通奸。有一天，皇帝只和三四個人往後宮去，皇后正和一個人淫亂，侍奉她的人急忙向她報告，皇后驚慌地趕快迎出去。皇帝見她頭髮散亂，言語失措，也就有點懷疑了。皇帝坐下不久，又聽到帷幕後有人咳嗽的聲音，就離開了。從此皇帝就有了殺死皇后的念頭，只因昭儀的情分而隱忍著。

一天，皇帝正和昭儀飲酒，忽然拂袖怒目直瞪昭儀，一副怒氣沖沖不可侵犯的樣子。昭儀急忙起立，離開座位，伏地請罪，說：「臣妾

出身寒門孤族，又沒有有權有勢的親人。一朝能廁身後宮侍奉皇上的行列裡，沒想到自己還特別幸運，受到皇上厚愛，地位在眾妃嬪之上，眾人的毀謗必然要集中在我身上。所以臣妾願請皇上趕快賜我一死，以便讓皇上寬心。」說著說著便眼淚直流。皇帝親自拉著昭儀的手說：「你還是坐下，我告訴你。」

皇帝對昭儀說：「你沒有罪，你的姐姐，我要砍下她的頭，斷了她的手腳，扔到廁所裡，才能解恨。」昭儀說：「她為什麼而得罪？」皇帝說了帷幕後有人的事。昭儀說：「臣妾因為皇后才能到後宮充數，皇后死了，那臣妾又怎麼能獨自活著？再說皇上無緣無故殺死一個皇后，也就有話給世上的人說了。我情願下鼎鑊被烹煮，身受斧鉞誅戮。」接著嚎咷大哭，滾倒在地。皇帝大驚，連忙起身抱住昭儀，說：「我因為你的緣故，一定不殺皇后，剛才只不過說說罷了，你何必這樣跟自己過不去呢。」過了好久，昭儀才重新就座，問帷幕後是誰。皇帝暗中追查那人的蹤跡，原來是宿衛陳崇的兒子。皇帝派人到他家裡殺了他，並廢除了陳崇的職務。

皇后生日，昭儀去祝賀，皇帝也一同前往。當大家都有幾分酒意的時候，皇后想感動皇帝，就眼淚直流地哭起來。皇帝說：「別人對著酒都感到快樂，只有你一個人悲傷，難道有什麼不滿足嗎？」皇后說：「過去我在陽阿主的宮裡時，皇上駕幸他家，我站在陽阿主身後，皇上當時目不轉睛地看了我很長時間。陽阿主知道皇上的心思，就派我侍奉皇上，居然能榮幸地親奉枕蓆。過沒多久，就進了您的後宮。當時您的齒痕還留在我的頸子上，今天想起來，不覺感嘆流淚。」

　　皇帝聽了，也有點感傷懷舊，憐惜皇后了，望著皇后嘆了口氣。昭儀知道皇帝想留在皇后宮中，就先告辭離去。皇帝直到傍晚才離開皇后的東宮。皇后因為皇帝又跟她同了一次房，就心生一計，三個月後就謊稱有了身孕。

　　皇后擔心皇帝來的時候發現作假，就和宮使王盛謀劃掩飾自己的計策。王盛對皇后說：「不如推說懷孕的人不能再親近男人，親近接觸可能流產。」皇后就派王盛把這話上奏皇帝，皇帝也就不再來見皇后，只派人來問安好。剛到臨產的日子，皇帝就準備了嬰兒洗浴的儀式，皇后把王盛和宮裡的人召來，對王盛說：「你原是個一般的太監，自從出入宮廷之後，我提拔你們父子都得到富貴。我想為長遠利益考慮，才假裝說自己懷孕了。現在已到了臨產的日子，你能替我想個什麼法子嗎？事情如能成功，你子孫萬代都能得到很大好處。」王盛說：「我替你弄一個才生的民間小孩，帶到宮裡做你的兒子，但這事是不能洩露的秘密。」於是王盛從都城外花百兩黃金買了剛生幾天的孩子，裹在一包東西裡，帶進宮裡見皇后。等到打開盛放的包包，孩子卻已死了。皇后吃驚說：「孩子已死，還有什麼用呢？」王盛說：「我現在懂了。」他又找了個小孩，奔赴宮門想進去，但一靠近皇宮的門，小孩就驚哭十分屬害，王盛不敢進門。每再臨門，孩子便哭，皇后哭著說：「這怎麼辦呢？」皇后終於無計可施，就派人上奏皇帝說：「過去我懷有龍種的身孕，小皇子不幸沒有活著生下來。」皇帝聽了只能嘆息婉惜。

　　昭儀知道皇后撒謊，就派人告誡她說：「一旦底細被拆穿，我不知道姐姐會怎麼死呢！」

當時的後宮掌茶宮女朱氏生了個兒子，宦官李守光來報告皇帝。這時皇帝正和昭儀一起吃飯，她憤怒向皇帝說這個孩子怎麼得來的呢？於是滾倒在地，嚎啕大哭。皇帝親自拉起昭儀坐下，昭儀喊來宮吏蔡規，叫他：「快替我把孩子取來，給我殺掉！」蔡規就把小孩在宮殿柱子的石基上撞死，扔到井裡去。以後凡是宮女有懷孕的，都被殺死。

後來皇帝走路遲鈍，步履蹣跚，神氣很疲憊不能行房事。有一個方士獻上一種大丹丸，助皇帝行房，但因用量過度，只見精液像湧泉一樣淌出，不一會兒皇帝便死了。太后馬上派人審問昭儀，她恐懼上吊死了。

皇后住在東宮，一天發夢見到皇帝，問昭儀在哪裡，皇帝說：「因她幾次殺死我的兒子，現在已被罰為巨黿，住在北海的陰水洞裡，受千年冰寒之苦。」後來北邊的大月氏在海上打獵，見到一個巨黿爬到洞穴外來，頭下還插著玉釵，仰望水面上，對人有依戀之意。大月氏王派使者問梁武帝，武帝就用昭儀的事答覆。

三、王魁傳

有一天，王魁被幾個朋友邀請一起去城北，來到一條深巷中，見有一所小宅院，隨即上前敲門。一個女子走出來，年紀大約在二十出頭，長的極其漂亮。她開口說道：「昨天做了個好夢，今天果然就有貴客到。」於是邀請他們進屋。那個女子擺上酒來，斟滿一杯獻給王魁，

說：「我名叫桂英。酒是天賜的福祿，你能在桂英這兒飲天祿，也就是明年春天考試登第的好兆頭。」她又對別人說：「這是個前途不可限量的人。」又敬了王魁一杯酒說：「早就聽說您的大名了，能請您作一首詩嗎？」王魁照作了，桂英隨即再三拜謝。

　　這晚桂英指名要王魁同宿。半夜裡，王魁問她：「小娘子姓什麼？容貌這樣美麗，怎麼反而失身在這行當裡？」桂英說：「我姓王，世代本是清白人家。」又對王魁說：「你獨身一人，又沒什麼錢，也不想繼續遊歷。現在你只管每天勤奮讀書，至於紙筆之類的費用，一年四季的服裝，我替你置辦。」從此王魁就吃住在桂英的家裡。

　　過了一年，皇帝下詔求賢，王魁就請桂英幫他籌措進京的費用。桂英說：「我家的所有財產，總有幾十萬錢，你拿一半作為進京的費用。」王魁聽了長嘆說：「我借住在這裡一年多，已十分感謝你供給吃飯穿衣的費用，現在又提供金錢幫助我進京。我不富貴便罷，如果能有出頭之日，發誓不虧待你。」

　　王魁要動身了，偕同桂英到州城北面一座望海神祠去滴血起誓，王魁先說：「我二人情投意合，誓不負心，如果日後有二心，神靈應當來殺我。」動身那天，桂英又在郊外設宴送行。並說：「以你的才學應試，自當超出別人，我只擔心不能跟你白頭偕老！」王魁吃驚說：「我們的心意像金石，即使是死了，也會相互跟隨於地下！」

　　到京考試，王魁果然成績突出列入優等，隨即派人向桂英報喜。其後通過皇帝親自主持的殿試，在宮廷中宣佈等第時名列天下第一。這時王魁暗暗思忖：「我得到這麼高的科名，馬上就會登上顯要的官位，現在卻被一個娼妓玷辱了名聲。況且家裡有嚴厲的父親，決不容

許這門親事，便起了背棄的念頭。」桂英打聽他獲中了狀元，無任歡喜，卻始終得不到他的訊息，其後被任命為徐州簽判，並已赴任，要娶崔家的女兒，王魁不敢拒絕。桂英獲知了全般狀況，倒地大哭，並說我一定要殺了他才罷，把剃刀往喉頭一抹，倒地而死。

桂英已死，幾天後露影對她的侍女說，神已派兵幫助我，我來告訴你後便走，必殺王魁這個沒良心的。侍女見桂英騎著一匹大馬，手裡握著一把劍，有幾十個手拿兵器的人跟著，隱隱約約地向西奔去。桂英到了王魁住所，嚇得他家人四處亂逃。有人告訴她，王魁現正在南京宋城當主考官，她依言前去，王魁正在深夜閱卷，她對他說：「沒良心的東西，我上天入地，終找到你，你賠命了吧！」這幾天，王魁忽然得了嚴重的精神病，每每拿起剪刀往自己身上刺。再過幾天，王魁果然自殺死了。

四、結語

《宋代傳奇》全書十六篇，是從許多的《類說》、《文房祕室叢書》等中選出來的。所選理由有兩方面，一是作品較有名、較有可讀性；二是反映宋代傳奇的主要特色。我在十六篇中選三篇加以引闡，理由也是如此。

綠珠傳的作者樂史（930-1007）由南唐入宋曾舉進士，任過三館編修；趙飛燕別傳的作者秦醇，今安徽人，生於北宋中期，是宋代的重要傳奇作家；王魁傳的作者無名氏，有人認為是北宋夏噩，這

篇傳奇是根據北宋嘉佑六年（1061）狀元王俊民的一些事蹟發生出來的。

　　懲暴罰惡，報應不爽，有鮮明的因果關係。石崇的不得善終，昭儀的投生鱉類，王魁的瘋癲自裁，皆有警世的作用，自在意料中的了。

《萬曆十五年》

一、前言

2008 年年底，深圳第九屆讀書月「三十年三十本書」文史類評等日前揭曉，這份影響大陸民眾三十年的書單上，黃仁宇的《萬曆十五年》居榜首。

由深圳讀書組委員、深圳報業集團主辦的「三十年三十本書」文史類評選，經公開推薦、網路投票、專家評選等三階段，從一百本候選書目中，選出改革開放三十年來，影響大陸民眾最深的三十本文史類書籍。

榜單的第二名《第三帝國的興亡》，作者威廉・夏伊勒，第三名《傅雷家書》，作者傅雷。柏楊的《醜陋的中國人》位居第十六，錢鍾書的《圍城》第二十，巴金的《隨想錄》第二十二，張愛玲的《張愛玲文集》第二十三。

這個名單是從一百本中外著作中選出來的，儘管未受所有的讀者認同，出現爭論，然亦必有其代表性，才能脫穎而出。獨占鰲頭的榜首《萬曆十五年》，它究竟有何過人之處，使人欣賞傾服？我讀了又讀，試將所見，依前言、本文、後語三段落縷陳。

作者黃仁宇 1985 年 2 月於美國的初版自序說，本書除英文本外，已有法文本，日譯、德譯也預計年內出書。台灣為民國 74 年（1985）

4 月 10 日初版，正豐電腦排版公司。全書計七章，加附錄、後記及〈陶希聖讀後記〉，書前照片等集成 15 × 21 公分近四百頁的巨著。

二、本文

（一）萬曆皇帝

　　話說公元 1587 年 3 月，明朝萬曆皇帝已年滿 23、進入 24 歲，登上皇帝的寶座也快有 15 年了。三月二日消息傳來，皇帝陛下要舉行「午朝大典」，文武百官不敢怠慢，立即奔赴皇城，匆匆急急，忙亂了好一陣子，近侍宦官宣佈「午朝」的消息是假的，找不到假傳聖旨的人，把全部的京官罰俸兩月，以示懲戒。

　　傳聖旨是禮部及鴻臚寺的職責，既未查明阻止，其他百官也以訛傳訛，皇帝震怒，通體懲罰。本朝官俸微薄，決非區區的法定俸銀所能維持，大臣高官，他們的收入主要依靠地方官的饋贈，但對多數低級官員來說，被罰兩月，就會感到拮据，甚至付不出必要的家庭開支。

　　「朝」有「早朝」、「晚朝」，以早朝為主，萬曆的前幾代，已經對它感到厭倦，依據大學士張居正的安排，一月之中，三、六、九日早朝，其他不朝。

　　原先的首揆是高拱，譏十歲的皇帝是小孩，太后是婦人，很不尊重，失卻為臣之道，由張居正謀定降為庶人，遣回原籍監管；太后的父親李偉，掌理倉庫舞弊被揭發，張居正從中調解協議，不致出醜，

深得太后與皇帝歡心，益加倚重。位居首輔，勤政奉公，改良好些以往的積弊，倡導推行「一條鞭」的稅制（註），有著優異的表現，被譽為「黃金十年」。但父死不丁憂，皇帝以半懇請半命令的語氣要求其在職居喪。

深獲恩寵，位高權重，張居正的轎子三十二人抬，內有臥室及客室，還有小僮兩名在內伺候。他去世半年，已被蓋棺論定，罪狀有欺君害民，接受賄賂，賣官鬻爵，任用私人，放縱奴僕凌辱縉紳等等，歸結到最後，就是結黨營私，妄圖把持朝廷大權，居心叵測云云。

（二）首輔申時行

申時行是皇帝五個蒙師之一，現身為守輔。萬曆皇帝髫齡十歲時，便寫了「責難陳善」四字當場賜給申先生，可見其被信任與倚靠之重。

「經筵」於春秋兩季氣候溫和時舉行，每月三次。每次經筵，所有六部尚書，左右都御史，內閣大學士都行參加，歷時大半天，講《四書》、歷史。經筵之「筵」，此即在左順門暖房內所設之酒食。

公元 1587 年為萬曆十五年，申時行五十二歲，身為首輔，皇帝多種藉口不辦經筵。申官運好，由張居正的推薦而入閣。

全國有一千一百多個縣，縣令便一千一百多個……。當時重文輕武，武官被視為屬於技術人員。服飾分品有別，四品以上為紅色，五品以下為藍色。一品官衣繡仙鶴，三品官孔雀，九品官則為鸝鵒。文官絕大多數科舉出身，最低級稱生員，三年一鄉試，合格為舉人，參加北京的會試，合格為進士。舉人得授九品官，進士得授七品官。

　　京官二千餘是一個集團，加上全國一千一百多個縣令及其所屬，集團更大。這麼多人品類龐雜，申時行把人性分為陽、陰，前者為理想，可以公開宣揚；後者為私欲，應使其有所忌憚。調和陰陽，是一種複雜的工作。消除文官中不願公開的私欲是不可能的，整個社會都認為做官是一種發財的機會。

　　集團中同省同縣的稱「鄉誼」，同一年考進舉人或進士的稱「年誼」，考官是「恩師」；婚姻連結，遠親近屬稱「姻誼」，拉攏關係，交朋結黨。

　　繳納稅糧有「常例」，即各地方官按照習慣收入私囊的附加，縣官如此，以下的村長、里長、甲長也無不如此。上繳先扣常例，稅額是否「如數」，是另一回事。

　　張居正個人物質生活奢華，惹人議論，皇帝撥款千兩為其改建住宅竟至萬兩。律己不嚴，沒有毅然拒絕別人的阿諛奉獻。他倡屬行節儉，但不能以身作則，待人刻薄。

　　首輔的最大貢獻，在使各種人才都能在政府中發揮長處，大才、小才、庸才、劣才全都如是。

　　幾年前高啟愚應天府鄉試題：〈舜亦以命禹〉，宣揚禪讓，即恭維張居正有神禹疏鑿之功。高啟愚為申時行提拔，申時行是張居正之人，順藤摸瓜，打翻了一棚人，黨黨派派，鬥爭不休。「出題謬妄」的罪名褫奪文官身分和以前恩賜祖先的誥命，張居正案了結。

　　申時行冊封萬曆的寵妃鄭氏為皇貴妃盡了力，深體天心甚合朕意，他和萬曆的關係越來越好，龍顏大悅，奉派總覽大峪山陵寢建築工程。

　　皇帝看破文官（首輔）派系之爭，進行無已，一派起一派下，永無寧日。「訕君賣直」，表示凡事都有其明暗陰陽，不容置辯，採不管不理，任其自然。1587年萬曆15年的秋天，申時行作首輔已四年半，今後還有四年，他仍為文淵閣的首長。

（三）世間已無張居正

　　以皇帝的身分向臣僚作長期的消極怠工，萬曆在歷史上是一個空前絕後的例子。其動機出於一種報復的意念，因為他的文官不容許他廢長立幼，以皇子常洵代替皇長子常洛為太子……，雙方堅持達十年之久。皇帝仍然是皇帝，但他再也不願意做任何事情使他的文官快意。……像這樣又二十年。

　　奏本留中不批示，辭官不慰留，也不准離職，掛冠而去的不追捕，不究問，置之不理。奉行道家「無為而治」的宗旨。……在御宇四十八年後，萬曆皇帝平靜的離開了人間。

　　張居正出任首輔的時候，本朝已有兩百年的歷史，開國之初，政府釐訂各種制度，其依據是《四書》上的教條，認為官員應過著簡單、樸素的生活，從這種觀念而組成的文官集團龐大無比。

　　給予官員的俸祿微薄到不合寔際，官員要求取得額外的收入也是不可避免的了。「常例」是一種成文的制度，亦即在規定的稅額以外抽取的加稅：徵收白銀，每兩加幾分幾厘，稱為「火耗」；徵收實物，也要加徵幾匹幾斗，稱為「耗立」、「樣捐」。除此之外，一個地方官例如縣令，其家中的生活費用，招待客人的酒食，饋送上司的禮物，也都在地方上攤派。

　　北京有二千多名文官，有的出身微薄，把做官看做發財致富的機會。

　　本朝不是以法律治理天下臣民，上面說過而是以《四書》中的倫理作為主宰。萬曆登極以後，雖然坐在他祖先坐過的寶座之上，但他的職責和權限已經和他的前代有所不同，而他卻是在他的臣僚教育之下長大的。多少年來，文官已經形成了一種強大的力量，強迫坐在寶座上的皇帝在處理政務上擯斥個人的意志。

　　萬曆是明神宗，名翊鈞，把傳統上規定的天子職務置之不顧，時日一久，萬曆懶惰之名大著。

　　正德皇帝是明武宗，名厚照，登極未逾二年（1507年）就搬出紫禁城，整天忙著練兵，1518年秋天，命大學士草擬聖旨，命令「威武大將軍朱壽」（即自己），再次到北方邊區巡視，封自己為鎮國公，歲支俸米五千石。五個月以後，他又加封自己為太師。

　　一個女人如有情趣，那麼不論他過去是娼妓、已經結婚或正在懷孕都毫無妨礙。

　　江南的秀麗風光使正德樂而忘返。1520年底他回到北京，1521年初在豹房病死。

（四）活著的祖宗

　　首輔申時行五十七歲退休，二十三年後的八十歲，皇帝萬曆以賀儀祝壽。他是江南人，暮春煙雨霏霏，情景怡人。

　　自古以來，治河（黃河）就是一大難題，潘季馴專任，規模浩大，工程艱辛，經費有限，所有民夫、工具、糧食、醫藥、交通通訊都要

就地通盤籌措，申時行推薦得人，成績卓著。邊境生事，申時行力主維持現狀，以和為貴。本來有許多大臣力主懲罰邊外的肇事者，對對方的酋長加以教訓，由於申時行的縱容，勢力日大，養虎遺患，酋長不是別人，叫努爾哈赤，若干年後，他的廟號為清太祖。

內操是皇帝練兵，由太監統領，申時行質問御馬監的諸宦官，幾千個官兵帶著武器在皇帝身旁，誰能保證他們沒有人參與做壞事的陰謀？萬一有變，救護不及，誰負得起這重責大任？諸位身為將領，又豈能置身事外？由而皇帝也不再練兵，內操停止。

萬曆既不與文官相持，於是採取「無為」，消極越來越徹底。他未滿二十歲，從而便預築陵寢。工程浩大，延續多年，國庫受到影響，徵用的軍民人力眾多，「賜壽宮工人湯藥及老弱飢號難以回鄉者路費」，究竟是否確實發下，無人證實。

（五）海瑞──古怪的模範官僚

「如果政府發給官吏的薪給微薄到不夠吃飯，那也應該毫無怨言的接受。」這是海瑞抱持的態度。他官至二品，死的時候僅僅留下白銀二十兩，不夠殮葬之資，他從政二十多年的生活，充滿了各種各樣的糾紛。

他充當地方的行政官而兼司法官，所有訴訟，十之六七，其是非可以立即判定。凡訟之可疑者，與其屈兄，寧屈其弟；與其屈叔，寧屈其侄；與其屈貧民，寧屈其富民；與其屈愚直，寧屈刁頑。

海瑞、海南島人，以舉人出身進入仕途，初充縣的「儒學教授」，四年後（1558）升任浙江淳安縣令，已45歲，七品的海瑞聲名開始為

人所知，是因為他能嚴屬而巧妙的拒絕了一些過境視察官員濫用權力而增地方上的負擔。

有一段故事說，當日以文官出任總督的胡忠憲，居官風屬，境內官民無不凜然畏懼。一次、他的兒子道經淳安，隨帶大批人員和行李，作威作福，對驛站的接待百般挑剔，且凌辱驛丞。縣令海瑞立即命令衙役拘捕這位公子押解至總督衙門，並且沒收了大量現銀。呈報總督的公文聲稱，這位胡公子必係假冒，因為總督大人節望清高，不可能有這樣不肖的兒子，也不可能有這樣多的金銀財物。

海瑞替母親做壽，只買二斤豬肉，桌上蔬菜是自己種的。

上書嘉靖皇帝，否定皇帝所做的一切，最刺激的一句話：「蓋天下之人不直陛下久矣！」皇帝看罷奏摺震怒往地下一摔，嘴裡喊叫：「抓住這個人，不要讓他跑了！」旁近的宦官說：「皇上釋怒，聽說他上書前已買好一口棺材，召集家人訣別，這個人是不會跑的。」

海瑞是一個公正而廉潔的官員，具有把事情做好的強烈願望，同時還能鞠躬盡瘁的處理各種瑣碎的問題。

（六）戚繼光——孤獨的將領

蹂躪東南沿海的倭寇不同於普通的海盜，他們登陸以後通常要建立根據地，有時還圍攻城市。守軍由於墨守密集隊形的戰術，往往造成「一人失利，萬人崩潰」的後果。

「靈活運用」是倭寇的基本戰術，派遣三十人以下的小部隊進入村莊，嚴密照顧，組織團凝，信號是令人震慄的螺聲。中國官軍根本無法對付這一套戰術。一次總督胡宗憲被推落水，幾乎淹死。

戚繼光著手組織新兵，廢徵兵為募兵，兵源不是來自軍戶的衛所，而是另行招募的志願兵，加徵新稅，作為招募和訓練的費用。特重教戰，他說：「你們當兵之日，雖刮風下雨，袖手高坐，也不少你一日三分，這銀分毫都是官府徵派你地方百姓繳納來的。你們在家裡那個不是種田的百姓？你思量在家種田時納稅的苦楚和艱難，即當想到今日拿銀容易。

不用耕種擔作，養你一年，不過望你一二陣殺勝。你不肯殺賊，養你何用？就是軍法漏網，天也假手於人殺你。」

他嚴明賞罰，大公無私，他的第二個兒子由於違犯軍紀而被毫不猶豫的處死。屬行不輟，風行草偃，終於訓練成一支堅強的部隊。

有一次戚繼光在大雨中向全軍訓話，惟他南方帶來的三千軍士能幾個小時屹立不動，如同沒有下雨一樣。

頒發新編操典，講求訓練成效，改良編裝組織，創立「鴛鴦陣法」，從最基本的班級開始，精製武器，使整個部隊成為有機體。針對敵情，善用地形，不避風險，前線督陣，樹立威武，由而兵士勇猛向前，義無反顧。

戚繼光從公元 1559 年開始招募了三千名士兵，兩年以後，兵員增加一倍，1562 年更擴大為一萬人。

募兵原則是收農民而不收城市居民，淳樸可靠。他們日常的軍餉，大體和農村當短工的收入相當，但另設重賞以激勵士氣。一顆敵軍的頭顱，賞額高達白銀三十兩。

　　戚家軍的勝利紀錄無人能出其右，從 1559 年開始，這支部隊能屢次攻堅、解圍、迎戰、追擊，從未在戰鬥中被倭擊潰。除了部隊的素質以外，主帥戚繼光的卓越指揮才能是決定勝利的唯一因素。

　　他平日嚴格訓練，養成堅毅精神，聲名遠播。這種威名又促使將士更鬥志昂揚。一次仙遊之役，戚家軍馳赴救援，血戰城外時逾二旬，至 1564 年一月倭寇大敗而逃，戚繼光窮追不捨，肅清了他們的根據地。

　　這是一次決定性的戰役，使整個形勢發生根本變化。日本各島的來犯者，至此才承認在中國冒險沒有便宜可佔，放棄了繼續騷擾的念頭。

　　戚繼光的獲重任總兵，是大學士張居正的力薦而功成名就的，和他同時代的人沒有人能建立如此輝煌的功業，但最後幾年墜入了寂寞和淒涼。張居正死後七個月，他被改調為廣東總兵，官職雖然依舊，實際掛虛名。再過一年，清算張居正達高潮，戚呈請退休。據說他再被參劾，萬曆皇帝原諒了而把他革職。

三、後語

(一) 補遺張居正

　　穆宗逝世，神宗（萬曆）即位，太監馮保，以兩宮太后名義，下詔趕走高拱，張居正當了首輔（宰相）。皇帝謙恭，將大權委任居正，他也慨然把治理天下作為自己的責任，勸皇尊儒崇賢。

　　改良漕運，糧食滿倉，銀錢充裕，風氣一新，被稱「黃金十年」，與宦官馮保相互支援，權傾一時。由而排除異己，強橫專斷，

且持續太平的時日長久，眾多的盜賊紛紛出現，居正持法過嚴，刻薄下屬，不得人心。

「父死不丁憂，居喪收厚禮」，受討好的幫派與馮保不回家居喪的「奪情」建議，強力出仕。有不同意他「奪情」的，都被治罪，受到廷杖的懲罰，貶謫斥逐不等。另一方面，他不避諱為皇帝辦喜事，自己的喪事由政府代勞。

張居正回籍葬父，派大臣、錦衣衛護送，葬畢回京，偕母同行，所過州縣，官員都得跪著迎送。他自奪情後，更加偏執倨傲，他所升遷、罷免的人，根據自他的愛、憎；他的三個兒子，都在科舉中取為上等。

初、萬曆神宗所寵幸的太監張誠得罪馮保，被排宮外，神宗派他偵探馮保及張居正。多方求証，獲悉馮與張專橫勾結，收藏的珍寶超過宮廷庫存。抄馮保家金銀珠寶，抄張居正家得到黃金萬兩，白銀十餘萬兩。居正的長子禮部主事張敬修受不了刑訊自裁。整個萬曆一朝，沒有人敢稱道張居正的。

公元 1621 年，繼任的皇帝是神宗之孫為僖宗，朝廷臣僚才逐漸追述起張居正的功勞：「事皇祖十年，任勞任怨，整頓廢弛的朝政，輔弼成就了萬曆初年之治。」

這是摘自《明史》〈張居正傳〉的補遺。

(二) 在社會上都以當官是發財的習常裡，明代官俸微薄到不近人情，不能養家，定然引出許多問題，貪污舞弊自難免了。稱海瑞為古怪的官僚，是正常的評斷。

(三) 皇帝要廢長立幼，未得臣子們同意，於是消極怠工，不理朝政，雙方堅持十年之久。皇帝仍是皇帝，但他再也不願做任何事情使他的文官們快意，像這樣又二十年。如此怠政三十年，轄屬宇內風平海晏，未出太大亂子，實得力於尊行的《四書》作綱紀，三綱五常不墜，有一個道統在傳承維持。

(四) 戚繼光廢徵兵為募兵，揀選誠樸體健的農民訓練教戰，嚴明紀律，大公無私，由而所向無敵，肅清了倭寇，被稱為「民族英雄」。

　　邊境生事，申時行力主維持現狀，以和為貴，說：「自俺答遣逆求封，賴神考神謨獨斷，許通款貢已二十年。各邊保全生靈，何止百萬。」故而未懲肇事者，縱容其勢力坐大，酋長不是別人，叫努爾哈赤，其後他的廟號是清太祖。

(五) 公元 1368 年明太祖朱元璋滅元建立明朝，1643 年明思宗崇禎自裁亡於清，前後計 276 年的歷史。萬曆十五年是 1587 年，亦即利瑪竇入南京的一年，本書著者何以選定這一年作為開端，追述明代這一王朝的種種切切？有說「觀微知著，一葉知秋」，明之亡不在於吳三桂的引兵入關，實是以萬曆朝為嚆矢。身為皇帝，不以天下是自己的而與臣子鬥氣，消極無為，使他們不能「訕君賣直」出鋒頭、有名聲，真是天下的大笑話。

(六) 著者黃宇仁識見深廣，行文流暢，為寫此書博覽群籍，取材宏富，提綱挈領，綱舉目張，真是一部好書。筆者學有未逮，僅作以上的介評，敬請方家指教。

註：明代初年行「兩稅制」，並以黃冊及魚鱗冊作為徵收田租及分派力役標準，但到中葉以後，兩冊破壞，稅收出現嚴重問題，於是在

嘉靖、萬曆年間，張居正推出「一條鞭」法，重新丈量土地，訂出新法，解決兩冊破壞後及官吏衍生出的作弊問題，一時稱便。

《黃宗羲詩文》

一、文四篇

（一）原君

〈引言〉：《原（推原、推求）君》是黃宗羲的政論專著《明夷待訪錄》的第一篇。全文主旨是推究君主制的歷史發展過程，從君主與臣民的關係角度批判君主制的危害。首先闡述君主制的起源，說明古代君王是為天下興利除害；接著批判後代君主「視天下為莫大之產業」，為了一己之私利，屠毒天下之肝腦，敲剝天下之骨髓；繼之批判小儒盲目忠君的謬論，指出「豈天下之大，於兆人萬姓之中，獨私其一人一姓乎」？最後就君主本身的利害得失分析君主制的必然廢除。

在黃宗羲之前，中國沒有一個思想家敢於向君主權力本身提出質問。所以這篇文章對清末改良派和民主革命的先驅者曾產生過巨大的影響。

〈譯文〉：開始有人類的時候，人人各自私，也各自利，天下有公利而沒有人去興辦，天下有公害而沒有人去消除。有這樣的人出來，不以個人之利為利，而使天下人都受其利；不以個人的害為害，而使天下人都避免害；這種人的勤勞一定千萬倍於天下人。付出千萬倍的勤勞，而自己又不享受其利，肯定不是人情之所願處的。所以古人對

君主這個位置，估量以後不願就的，許由、務光就是；就後又辭去的，堯、舜就是；開始不想就，後來又不能辭去的，禹就是。難道古人有什麼奇異？好逸惡勞，也還是人之常情。

後代做君主的人就不再是這樣，以為天下的利害權柄都是操縱自己的手裡，把天下的利都歸自己，也沒有什麼不可以。使天下的人不敢自私，不敢自利，把我的大私當作天下的大公。開始時對此還有些羞慚，時間長了便心安理得，把天下看做自己莫大的產業，傳給子孫，讓子子孫孫無盡地享受。漢高祖所說：「我事業上的成就，與二哥相比誰多」的話，那追逐私利的情態，已不覺地從言語中流露出來了。

所以在他們沒有得到天下時，便屠害天下人的生命，離散天下人的子女，來換取我一人的產業，竟然從不感到殘酷，說：「我本是為子孫創業。」在他得到天下後，敲剝天下人的骨髓，離散天下人的子女，來滿足我一人的淫樂，看作理所當然，說：「這是我產業所生的利息。」這樣看來，天下最大的禍害就是君主了。假若沒有君主，人們就各得自私，各得自利。唉！難道設置君主本來就是為了這個嗎？

古時候，天下的人愛戴君主，把他比作父，比作天，寔在不算過分；現在呢，天下的人憎恨他們的君主，把他看作寇讎，稱他做獨夫，也是理所當然。而那些小儒卻死板地把所謂君臣的關係說成天地之間不能一刻不講的東西，甚至向桀、紂這樣的暴君，還說商湯、周武王不應該誅殺他們，並且荒唐地說出伯夷、叔齊的無稽之談，把兆人萬姓崩潰的血肉，看得和腐爛的死老鼠沒有什麼不同。難道天地之大，在兆人萬姓之中，只應偏私一人一姓嗎？所以周武王是聖人，孟子說的「聞誅一夫紂矣」的話。後代的君主，想用君等於父、等於天的空

話，來禁止天下人窺伺君位，都以為孟子的言論不合宜，乃至廢掉《孟子》不立於學官，這不都是導源於那小儒嗎？

雖然如此，假便後世的君主，真能保有這個產業而世代相傳，永無窮盡，也就無怪他們把天下當作私產了。既然把天下看作產業，那麼，別人想得到產業之心誰不像我一樣？儘管用繩捆牢，用鎖鎖住，一個人的智力，總敵不過天下想取得這個產業的人多。這樣一來，遠的傳上幾代，近的在自己手裡就滅亡，血肉崩潰的結局就落在他子孫的身上了。從前有人發願世世都不要生在帝王家，而毅宗（明崇禎皇帝）也對公主說：「你為什麼生在我家！」太令人痛心啊。

明白了君主的職責，那麼在唐堯、虞舜的時代，人人都能辭讓，許由、務光並非超絕塵寰，不明白君主的職責，那麼在市井間，人人都可有這種欲望，這也就是許由、務光這樣的人在後世再也聽不到的原因。儘管君主的職責難使人明白，但不能用短暫的淫樂來換取無窮的悲哀，這樣的道理即使愚笨的人也能明白啊。

（二）萬里尋兄記

〈引言〉：本文初載於《吾悔集》，其手稿本文全同，後收入《南雷文定前集》時作了較大更動，批判鋒芒比初稿更明顯，故本文依據《文定前集》本。本文記敘作者六世祖萬里尋兄的故事，表彰兄弟情意，並以此與明室君主兄弟明爭暗鬥、「伐性傷恩」對照，引出「可不謂天地綱常之寄反在草野」的結論。

〈譯文〉宗羲的六世祖父府君名璽，字廷璽。兄弟六人，老大伯震，經商在外，過了十年沒回家。府君夢魂中也在祈求，還經瓊茅蚌殼占卜，茫然全無影踪。他站起來說：「我哥總不過在這個國境之內，我哥能到，我為什麼偏不能到呢？」穿上草鞋就出門，鄉鄰勸阻他說：「你不知道哥到什麼地方，東西南北，從哪裡尋起？」府君說：「我哥是商人，商人的所在，一定是通都大邑，一定能找到哥了。」於是裁了幾千張紙，寫上他哥的籍貫、年齡、像貌特徵，作為招貼，凡所經過的地方，就張貼在那裡的寺觀祠廟大街鬧市處，希望他哥能看到。即使哥看不到，知道哥的人也許能看到。這樣走了萬里路，甚至三山獠洞，八角蠻陬，也幾乎通通走遍，結果還是找不到。

府君來在衡山祈禱，夢見有人誦讀「沉綿盜賊際，狼狽江漢行」的句子，醒來後認為不吉利。碰上了士人請詳吉凶，士人問我求什麼，府君說：「我為尋找我哥到這裡。」士人說：「這是杜少陵（杜甫）《舂陵行》裡的句子，舂陵是現在的道州（今湖南道縣），你到道州，一定會知道消息。」府君於是到了道州，徘徊訪問，還是不得音訊。

有一天上廁所，把雨傘放在道旁，伯震剛好經過，看見雨傘心有所動，說：「這是我家鄉的傘啊！」沿傘柄一看，有一行字寫道：「姚江黃廷璽記。」伯震才驚駭起來。不一會，府君出來，兩個人你看我我看你，像是做夢一樣，失聲痛哭起來。道路上看的人也嘆息流淚。那是伯震在道州已有田園妻兒，府君終於把他帶回家鄉。

我綜觀史書傳記，有關兒子的遭到不幸，歷經艱險崎嶇跋涉尋父尋母的記載不絕，而做弟弟的找哥的卻沒有聽說。難道是世上沒有這樣的事情嗎？還是有這樣的事情卻被記載的人忽畧了？當府君越

過險阻，冒著霜雪，跋山涉水，挨餓受凍都不管，緘口枯腸都不恤，找遍天地之所覆載，日月之所照臨，急急忙忙心神不安，只為了這一件事，通天下沒有可以用來交換他哥的。而這時正當景泰、天順（英宗、代宗年號）之際，英宗、景皇難道不是兄弟嗎？景皇只怕他的哥回到北京，英宗只怕他的弟病癒得生。為了富貴利害，壞了性傷了恩，和府君相比較，愛憎顯然不同，能不說天地綱常反而存在於草野嗎？

（三）王征南墓誌銘

〈引言〉：本篇是為一個武功出眾的俠士所寫的墓誌銘，不僅寫了他得於真傳的武功，並且寫他為人也極有氣節。抗清失敗後，猶暗通義軍；戰友被殺，他因仇人未死，終身素食。黃宗羲在他身上寄託了對故國的哀思。

〈譯文〉：少林以拳勇聞名天下，然以打人為主，別人也可以趁機反擊。有所謂內家的，以靜制動、來犯的人應手就跌倒，因此把少林別稱為外家。內家大概起源於宋代的張三峰。張三峰是武當山煉丹士，宋徽宗召見他，在路上受阻不能前進。夜裡他夢見真武大帝（道教）授他拳法，天明，以他一人之力殺賊百餘名。張三峰的武術，百年後流傳於陝西，以王宗最為著名。溫州的陳州同從王宗學到其技，並用來教練鄉人，於是其技在溫州流傳。嘉靖年間，張松溪最為著名。輾轉流傳，遞至思南的傳人王征南。

　　征南為人很機警，得了真傳之後，絕不顯露鋒芒，不到十分危急的時候不拿出來。他曾於夜裡出去探察事情，被守衛的兵士俘獲，反綁在廊柱上，有幾十個人聚在一起一邊喧鬧狂飲一邊看守著他。他揀起一塊碎磁片偷偷地割斷綁縛的繩索，拿出懷中的銀子，往空中拋擲，趁幾十個人正在搶奪，征南就逃了出去。幾十個人追趕他，都跌倒在地上趴著起不來。

　　跑出幾里地後，迷失了道路，田間看守的人又以為他是賊，聚集眾人圍住他。征南所到之處，眾人沒有不受傷的。某年底，他一個人出行，碰到七八個營兵要拖他去捎重東西，他苦苦推脫求免，均不被理睬。征南便走到橋上，甩掉捎著的東西。營兵們拔刀朝他砍來，征南徒手相拒，而營兵都自己跳起來仆倒在地上，刀也鏗然落地。像這樣跌倒的營兵有好幾人。最後，他奪取營兵們的刀丟到井裡。等到營兵們尋來井繩取出刀時，征南已走得很遠了。

　　他凡打人時都利用穴位，死穴、暈穴、啞穴，一切按銅人圖法。有一惡少年侮辱他，被他打了，這人便幾天不能小便，登門謝罪後，才得以恢復正常。有個孩童偷學了他的方法用來打了同伴，同伴馬上死去，王征南看了說：「這是暈穴，不久會醒轉來的。」過一會果真如此。征南好打抱不平，曾經為人報仇，那是激於不平而幹的。有人與他是很久的故交，送錢要他去與自己的弟弟為仇，征南毅然與他絕交道：「這是用看待禽獸來看待我了！」

　　一天，他去看了一個老熟人，老熟人與營將住在一起，正請了一位松江教師講習武藝。武師傲慢地坐著彈三弦，把穿著麻衣的王征南

不放在眼裡。那位老熟人向他說王征南擅長拳法。教師斜視著說：「你也會這個嗎？」征南推辭說不會。教師敞衣揚眉說：「可以稍稍試一試嗎？」征南堅持推辭說自己不會。教師以為征南害怕自己，更加強邀他，征南不得已便答應了。教師被征南跌了一跤，要求重來，第二次更跌得頭破血流。教師於是向他下拜，並用二匹細絹作為禮物送給他。征南不曾讀過書，但與士大夫談論，卻含蓄有物令人欣喜，一點也看不出他是個粗人。

　我弟晦木曾跟他一起去見錢牧齋老先生，錢老也覺得他很奇特。當他貧窮潦倒無以為生時，卻不以為苦，而為能見到錢老、同我們兄弟交往而沾沾自喜。他喜愛結交到了這樣的地步。我曾和他一起到天童寺去，有個和尚叫山焰的很有氣力，四五個人不能抓住他的手，他稍稍靠近王征南，就負痛跌倒。王征南說：「現在的人認為內家沒有什麼用來炫耀，於是將外家功夫攙入在裡面，這個學問很快就要衰敗了。」因此同意敘說內家的源流。

　倏忽又過九年，王征南因為悲痛兒子夭亡而死。高辰四把王征南的一生寫了出來要求我寫墓誌。我於是在此寫了這篇墓誌。這哪裡是他許諾時所想到的呢？征南生於丁巳年三月五日，卒於己酉年二月九日，享年五十三。娶妻孫氏，有兩個兒子：夢得，前一個月夭折；次子祖德。以某月某日葬於同嶴之南。

　銘曰：有技藝如此，卻不一施。終不肯把技出賣，志氣讓人悲憫。一旦水淺山老，孤墳誰保。看了這個銘文，庶幾有考。

（四）柳敬庭傳

〈引言〉：柳敬庭是明末清初著名的說書藝人，不少文人學者曾記述他的事蹟。吳偉業的《柳敬庭傳》著重寫柳敬庭在左良玉幕府中的活動，說柳「善用權譎，為人排難解紛」，將柳比作戰國時的魯仲連。黃宗羲認為其「失輕重」，「倒卻文章家架子」，因而重寫了此篇，「使後生知文章體式」。

〈譯文〉：我曾讀《東京夢華錄》、《武林舊事》，其中記載當時講史、小說的有幾十人。自此以後，說書藝人的姓名就無從知道，直到近年來人們才都稱道柳敬庭的說書。

柳敬庭是揚州府泰州人，原來姓曹。十五歲時，獷悍無賴，犯法當死，改姓柳，到盱眙市（今江蘇）上為人們說書，當時已經能使人們傾倒。過了一段時候，渡過長江，松江有個儒生叫莫後光見到他，說：「這個人機智多變，可以使他以說書的技藝揚名。」因而對柳敬亭說：「說書雖是小技，然而也必須刻畫人物性格，熟悉地方風俗，像優孟（春秋時楚國的倡優）那樣搖頭而歌，然後才能得志。」

敬亭回去集中精神，安定氣息，簡練揣摩，一個月後去見莫生。莫生說：「你所說的，能夠使人歡笑了。」又一個月後，莫生贊嘆說：「你的話還沒有出口而哀樂之情已具於其前，使人的性情不能自主，你越加近乎技了。」從此柳敬亭到揚州、到杭州、到南京，名聲傳播在官紳之間，不論在豪華的廳堂上眾人聚會，或者在幽閉的庭院中一人獨坐，都爭著邀請敬亭獻計，沒有不稱心滿意而說他好的。

　　寧南（明左良玉）南下，安徽駐軍長官想討好結交寧南，送敬亭到寧南的幕府。寧南恨相識之晚，讓他參與機密。軍中也不敢以說書的看待敬亭。寧南不讀書，所有文件告示，由幕府儒生精心構思修詞，援古証今，竭力撰寫，寧南都不滿意。而敬亭耳中常聽到的、嘴上常說的，從里巷活套中弄來的，卻沒有不與寧南之意相合的。

　　敬亭曾經奉命到南京，當時朝廷裡都畏懼寧南，聽到他派使者來，沒有不傾動而特加禮貌的。宰相以下的官員都請他朝南上坐，稱他為柳將軍，敬庭也不感到有什麼不妥。那些市井小人中當初與敬亭你我相稱的，在路旁私語說：「這本是與我們一同說書的，如今富貴到這個地步！」

　　不久弘光朝覆滅，寧南亡故，敬庭幾乎喪失了全部資產，貧困得像從前一樣，才重新走上街頭，操其舊業。敬亭久在軍中生活，對於豪猾大俠，殺人亡命，流離遇合，破家亡國的事情，沒有不親自見過的，加以五方土音，風俗好尚，都習見習聞。因此說書每發一聲，使人聽上去，有的如同刀劍鐵騎，颯然飄空，有的如風雨號泣，鳥獸悲驚，亡國之恨頓然而生，檀板之聲已無顏色，有莫生的話所不能概括的了。

　　當馬帥（投清漢奸馬逢和，後被清殺）鎮守松江時，敬亭也常出入他的門下，然而馬帥不過以優伶看待他。錢牧齋曾對人家說：「柳敬庭有什麼特長？」人家回答說：「說書。」牧齋說：「不是的，他的特長在尺牘（書信）。」這是因為敬亭喜歡寫書調文，別字滿篇，所以牧齋用這話來譏笑他。唉！寧南身為大將而把倡優視作心腹，他的授攝官員都是與自己出身差不多的市井之流，還會不失敗嗎？

二、詩四首

（一）村居

〈原詩〉　　　　〈譯文〉

好景惟初夏，　　美好的景色只有初夏，
藤花絡蓽門。　　藤花纏連著柴門。
雨後鵑聲亮，　　雨過後杜鵑聲亮，
雷前蟹火繁。　　雷響前捕蟹火繁。
新茶採謝嶺，　　新茶採自謝公嶺，
小說較南村。　　小說比較陶南村。
世亂安泥水，　　世道紛亂我安於泥水。
心期漫過論。　　心願可不必談論。

（二）贈周二存先生

〈原詩〉　　　　〈譯文〉

我有老蒙師，　　我有位年邁的啟蒙師，
別去三十年。　　離別已有三十年。
避亂轉山谷，　　避亂輾轉到山谷，

邂逅睹蒼顏。	意外見到他蒼老的容顏。
牽臂入茅屋，	他拉我的手臂邀進茅屋，
敗壁無泥纏。	敗壁上已掉光了泥纏。
故帷幾甲子，	舊簾子不知用了幾甲子，
斷縷蛛絲牽。	斷裂處有線如蛛絲牽。
窮老底如此，	如何窮老到如此的地步，
猶曰賴聖賢！	他還說全靠古聖賢！
乾土蔬蝟毛，	乾土上菜稀疏如刺蝟毛，
酷日瓜兒拳。	酷日下瓜小同孩兒拳。
呼婦為炊黍，	招呼老伴為我淘米煮飯，
抱甕綆寒泉。	又抱罐甕去汲回寒泉。
我攜三子行，	我攜帶著三個兒子同行，
一一使安眠。	他一一安排讓他們安眠。
在難感真意，	危難中感激他一片誠意，
反用為悽然。	反因此為之悽然。
論交滿天下，	我結交可說遍天下，
徘徊此日間。	徘徊難捨卻只有這一天。

（三）聽唱《牡丹亭》

〈原詩〉	〈譯文〉
掩窗試按《牡丹亭》，	關上窗試按《牡丹亭》，
不比紅牙鬧賤伶。	不比牙板聲中鬧賤伶。

鶯隔花間還歷歷，	鶯隔花間還啼聲嚦嚦，
蕉抽雪底自惺惺。	蕉抽雪底仍自惜惺惺。
遠山時閣三更雨，	蹙眉時時滴下三更淚，
冷骨難銷一線靈。	冷骨往往難銷一線靈。
卻為情深每入破，	都為了情深每入破，
等閑難與俗人聽。	等閑難讓俗人來聆聽。

（四）九日尋古蘭亭

〈序〉：古蘭亭在崇山腳下，離現的蘭亭約有一里路，有華表，是萬曆
　　　年間徐貞明所建立，雖然被開墾成田，流觴的遺跡還在。我於
　　　重九日在這裡登高，當地人張敬吾做嚮導，才找到這地方。

〈原詩〉	〈譯文〉
來尋內史流觴地，	來尋找內史流觴之地，
重九何如上巳遊。	重九登高怎可比上巳之遊。
禾黍雖然吞古跡，	禾黍雖然已吞沒古跡，
茂林依舊叫鈎輈。	茂林依舊有叫聲鈎輈。
文章不入昭明選，	文章沒有為昭明所選，
功業空為殷浩謀。	功業空為失敗的殷浩謀。
從古英雄多袖手，	從史以來英雄多袖手，
流傳恨事與千秋。	流傳恨事付之千秋。

三、結語

(一) 黃宗羲（1610-1695）字太沖號南雷，浙江餘姚人。他是十七世紀中國的啟蒙主義思想家、大學問家，中國文化史上的一位傑出人物。本書選載黃宗羲的文十六篇，詩三十首，我則在其中選譯文四篇，詩四首。

(二) 《原君》：毫無疑問對清末的民主風潮有一定的影響；孫中山的「天下為公」主張不可諱言多有啟迪。〈萬里尋兄記〉：長兄伯震離家十年，在道州已有田園妻兒，他是老大，弟熱情，正顯他的冷情。〈王征南墓誌銘〉：武師的自滿自大，征南的內斂正直不苟，躍然紙上，「用禽獸來看我了。」映現人格的高超。《柳敬庭傳》：左良玉信用不學無術的倡優說書人，「能不敗嗎！」像是「畫龍點睛」，筆力萬鈞。

(三) 黃宗羲作品文筆生動，敘述有次，娓娓道來，如飲甘泉，開卷翻閱，使人有欲罷不能之勢，都是好文章。

四讀《異鄉人》

一、緒言

被譽為「存在主義代表作家」的卡謬（Albert Camus），1913 年 11 月 7 日生於當時為法屬殖民地的阿爾及利亞。他的父親是個孤兒，原為酒窖工人，在卡謬一歲時死於一次世界大戰。母親近乎全聾，口吃不識字，丈夫死後只得投靠卡謬的外婆。

卡謬天賦聰穎，從小學起，老師不惟悉心教學，並為他爭取到高額獎學金。勤學苦讀，十七歲起，涉獵廣博，進而萌生走上寫作之路的想法。童年的成長背景更使得貧窮成為他作品中的一大主題。

二次大戰期間，對人之存在抱持荒謬觀的卡謬，1942 年出版了最後體現這種觀點的代表作小說《異鄉人》。1957 年四十四歲的卡謬榮獲諾貝爾文學獎，成為首位生於非洲的獲獎人，然而，得獎後三年，他就死於一場車禍意外，一代大師驟然隕落，是最為早逝的諾貝爾文學獎得主。《異鄉人》以莫梭為第一人稱，展開這一「現代荒謬英雄」的角色敘述。

二、本文

第一部：「今天，媽媽走了。又或是昨天，我也不清楚。我收到養老院的電報：『母歿。明日下葬。節哀順變。』這完全看不出個所以然。或許是昨天吧。」

第一章　送葬

接獲電報，在馬悍溝養老院距阿爾及爾有八十公里的母歿下葬，他得請假前往，這是心不甘情不願的事。因為長途顛簸，天氣炎熱，一路在昏昏沉沉，幾乎在睡覺之中，話也懶得與人說。也因路遠來一趟耗掉整個周日，過去一年，他幾乎沒來看她。

趕到了馬悍溝，母親已入棺，他不想看死去的母親最後一面。出殯前要守靈，男、女院友來參加，互談中他得知母親在這裡交了男朋友，像兩小無猜形影不離，也請求前來守靈。

守靈熬夜，很感疲憊，做了疏洗又喝了杯甜的牛奶咖啡，看得出一整天都是好天氣，如果沒有媽媽的事，出來散步踏青該多好。葬儀社的人到來，要給棺木封釘，他還是不願見母親最後一面。

送葬排行列，有神父、院長、我（莫梭）、駐院護士，老相好也來。葬儀社的人問母親年紀多大了，我回答「差不多。」其寔我不曉得確切歲數。

第二章　邂逅瑪莉

　　喪事告竣回來，遇上週六週日兩天假期，決定去游泳放鬆一下，在海水浴場中碰見辦公室以前的打字員瑪莉。跟她共事的時期曾經很渴望她，我想她也有同感，可惜她不久就離開了，我們沒有機會發展。我幫她套上游泳圈，在無意間碰到了她的胸部。我繼續留在水裡，她則躺在游泳圈上，轉頭對著我笑。

　　天氣宜人，水溫舒適，我半開玩笑的頭往後仰，靠在她的肚子上。她什麼都沒說。待了許久，陽光愈來愈熱，她便潛入水裡，我跟著下去，追上後把她攔腰抱住，並肩游水，她始終開心笑著。當我們在岸邊弄乾身子時，她對我說：「我曬得比你還黑。」我問她晚上要不要去看場電影，她又笑了。

　　我們換好衣服出來，她驚訝地發現我打著黑領帶，問我是否正在服喪，我告訴媽媽昨天過世了。她聽後臉色微變，但沒表示什麼。我本想跟她說曾跟老闆說過的話：「這不是我的錯。」不過還是把話嚥了回去。

　　到了晚上，瑪莉已經把事情忘得一乾二淨。我們並肩坐在戲院裡，她的腿靠著我的，我撫摸她的胸部。電影結束前，我笨拙地吻了她。散場後她便跟著我回家。

　　阿爾及爾的週末，五點一到，電車從市郊足球場載回一群群掛在車階和欄杆上的觀眾。隨後而來的班次載著出賽的球員，他們大聲唱歌，高呼自己的隊萬歲，有幾個向我比手畫腳，有一個還喊著：「我們贏了！」

天色漸次轉變，由黃昏進入夜晚，社區的戲院湧出散場人潮，少女手勾著手走，男孩子故意迎上與她擦身而過，對她們說笑，女孩笑得花枝亂顫，頻頻回頭。

第三章　始終不知母親歲數

今天整個早上我都很忙，老闆對我和顏悅色問我會不會太累，並想知道媽媽的年紀，我回道：「六十幾歲。」鄰居老薩拉曼諾他牽著八年的老狗，人們已經習慣了看到他倆形影不離。那是隻西班牙獵犬，生了一種皮膚病，幾乎脫光了毛，老人家每天都在十一點和六點鐘帶狗出門散步，八年如一日，路線從未改變。

另一個和我同住一層的鄰居進來了。社區裡人們都說他是拉皮條的，儘管問起他的職業，他回答的是「倉庫管理員」。他不怎麼討人喜歡，卻常來找我聊天，有時還到我家坐，他叫做雷蒙。我們一起上樓，正準備和他道別，他卻叫住我說：「我家裡有些香腸和紅酒，要不要過來一起吃？」我想這樣一來，就不必做飯，便同意了。

到了他家裡，房間看起來很髒亂，他先點亮了油燈，然後從口袋裡取出一條不大乾淨的繃帶，綁在右手上。我問他手怎麼了，他告訴我有個傢伙惹毛他，他兩人打了一架。

「莫梭先生，你明白嗎？」他解釋道：「我不是什麼凶神惡煞，只是脾氣比較暴躁。那人挑釁我說：『是個男人就從電車上下來。』他嘲笑我不是男人，沒膽下車。我就下車警告他，給了他一拳，他馬上倒

在地上。我本想把他扶起來，沒想到他竟躺著踢了我幾下，氣得我又回敬他一腳，外加兩記重拳，把他打得滿臉是血。」

雷蒙敘述這段經過，不停調整手上的繃帶，我則坐在床上。他接著說：「聽完這些，你該看出不是我去惹他，是他先對我不敬的。」聽起來確沒錯，我表示贊同。他繼續說我是個閱歷豐富的男子漢，一定能幫他的忙，以後就會是我的好哥兒們，我說我無所謂。他聽了很高興，二話不說，拿出香腸，在鍋裡煎熟，又在桌上擺好杯、盤、刀叉和兩瓶紅酒。直到我們上桌吃飯，他才向我說明事情的原委。

他說他有個情婦對他不忠，卻再再的要他大筆供養，給她揮霍，她又不肯去上班，老是嚷著缺錢花用，我決定跟她分手，攤牌時我打了她兩巴掌，數說她不知好歹，接著把她打到見血。這次我是認真的，看來還是便宜了她。那個向我挑釁的即是她的哥哥。

我一直聽著他的故事，喝了近一公升的紅酒，整個頭都在發熱。雷蒙邊抽菸邊說想寫封信給她，不僅狠狠修理她，又要教她覺得後悔不已。雷蒙說自己沒法寫好這封信，打算請我代寫。我沒說什麼，於是馬上動筆。他告訴我那個女人名字時，我發現她是摩爾人。

第四章　吃軟飯的

認真工作了一星期，瑪莉依約過來找我，她穿著紅白條紋洋裝和皮涼鞋，美的教我心蕩神迷。從衣服的起伏隱約可見她乳房的堅挺線條，可可色的肌膚讓她的臉蛋就像花朵般嬌美。我們去游泳完了穿好衣服，瑪莉凝望著我，雙眸閃爍光芒。我吻了她。從那時起，我們便

沒再交談；我緊緊摟著她，兩人都急於搭上公車回到我家，然後跳上床去。

　　隔天早上，她身上穿著我的睡衣，袖口特別捲起。看她一笑，又燃起我的欲望。過一會兒，她問我是否愛她，我說這問題沒什麼意義，可是我覺得好像不愛。

　　起先聽到的是女人尖銳的聲音，接著是雷蒙罵道：「妳敢對不起我，妳敢，看我怎麼收拾妳。」一陣碰撞聲後，女人聲嘶力竭的哭喊，聽來實在太過悽慘。女人持續尖叫，雷蒙動手沒停。

　　警察來了，雷蒙立刻換了一張臉。一旁女孩不停哭泣，一邊重複著：「他打我，他是個吃軟飯的。」

　　將近三點時有人敲門，原來是雷蒙，他進來坐在床邊，半晌沉默不語，問我想不想跟他出去走走，他說他希望我當他的証人，只要表明那個女孩確實對不起他就夠了。聽起來頂簡單的，我就答應了。雷蒙請我喝了一杯白蘭地，接著他本想找我上妓院，但我回答不好此道便一口拒絕了。

　　我們慢慢散步回家，我遠遠瞥見老薩拉曼諾站在門口，似乎很不安，原來他的狗走丟了。雷蒙安慰他應該是一時的走散，要不了多久就會回來，還列舉了許多小狗千里尋主的例子。老薩拉曼諾顯得更著急：「捕狗隊會把牠抓走，你懂嗎？牠全身上下那麼多瘡疤，牠絕對會被抓走的。」隱約聽到了奇怪的聲音，原來他哭了。

第五章　社區觀感不佳

雷蒙打電話到辦公室找我。他說曾向一個朋友提起我的事，那朋友邀請我星期天到他在阿爾及爾近郊的小木屋玩。事寔上是另有一件事想通知我。他整天都被一群阿拉伯人跟蹤，他已分手的情人哥哥也在其中。

掛完電話不一會兒，老闆要見我，他說他想在巴黎設辦事處，要我主持其事：「你是年輕人，我認為你應該會喜歡這種生活。」可我沒理由改變現在的生活，我沒這雄心壯志，我答非所問。

當天晚上，瑪莉跑來找我，問我願不願意跟她結婚，我說無所謂。接著她想知道我是否愛她，我回答大概不愛她。她說：「婚姻是件嚴肅的事。」我回答：「我不這麼覺得。」我跟她說到老闆的提議，她說她自己會很樂意到巴黎去。我說巴黎很髒，我已回絕老闆了。

回家門口，遇到了老薩拉曼諾，我請他進房裡坐，我提議他再養一狗作伴，我對狗的遭遇感到很遺憾。他對我表示感謝。他說我媽媽非常喜歡他的狗。提到媽媽時，他稱呼她為「你可憐的母親」他料想媽媽走後我一定很難過，我沒有回話。他有點尷尬急忙說著他知道社區裡，大家為了我把媽媽送到養老院而對我觀感不佳，但他清楚我的為人，也知道我很愛媽媽。

第六章　敲開厄運之門

星期天早上我爬不起來，瑪莉得喊我名字，把我搖醒。下樓時我們順道敲了雷蒙的門，他回答說馬上下來。瑪莉在一旁雀躍地不斷地說著天氣真好。終於我們聽到雷蒙的開門聲，他邊吹口哨邊下樓，穿著藍色長褲和白色短袖襯衫，頭上硬是配了頂草帽，瑪莉見狀咯咯地笑，他前臂的黑手毛下面露出蒼白的皮膚，這身打扮真讓我不敢恭維。他熱情地向我打招呼；「嗨、老弟！」對瑪莉則稱「小姐」。

前一天我們去了派出所一趟，我作証那女孩的確「對不起」雷蒙，而警察只是警誡他不得再犯，並未查証我說的是否屬實。我們和雷蒙在門前針對這件事討論了半晌，便決定去搭公車，雷蒙突然作勢要我往前看，我轉頭只見對面有一群阿拉伯人，背著香煙鋪櫥窗，以他們特有的方式默默盯著我們，完全不動聲色，雷蒙對我說左邊算過第二個就是跟他幹架的人。

我們開始朝不遠處的公車移動，雷蒙不停的說笑逗瑪莉開心。我感覺的出來雷蒙對她有意思，但她不太回他的話。我們在阿爾及爾的市郊下車，離海灘不遠，先經過一片俯瞰大海的小高台，布滿淺黃色的石頭和純白的水仙，我們路經一排排綠白圍欄的小別墅。

雷蒙的朋友住在沙灘上的小木屋，姓馬頌，是個身材壯碩，肩背厚寔的高個子，妻子嬌小圓潤，態度親切，帶有巴黎口音。馬頌說話的速度緩慢，我尤其注意到，他習慣給每段話都加上句「而且不止呢」。

儘管這句話無法進一步表達任何具體意義。比如說談到瑪莉時，他對我說：「她很標緻，而且不止呢，可說迷人得緊。」

馬頌和我們下海游泳，游罷馬頌回到沙灘上晒太陽，在水中我從後頭攬住瑪莉的腰，她負責擺動手臂，我雙腳打水往前推進。不知過了多久，瑪莉說馬頌已經回去了，該是午餐的時候。我一聽禁不住飢腸轆轆，但瑪莉卻叫住我說，我從早上到現在都沒吻過她。這是真的。她說：「跟我到水裡來。」我們奔跑著迎向第一排小浪，划了幾下水，她緊擁著我，她的雙腿圍住我的雙腿，又喚醒了我對她的欲望。

午餐時麵包非常可口，主菜是牛排配炸薯條，大家吃得津津有味。馬頌喝了不少酒，且不停給我斟上。最後喝咖啡時，我覺得昏昏沉沉的抽了許多菸。才十一點半，時間很早，馬頌提議我要不要跟他到沙灘上散步，飯後散步對健康有好處。他說：「我太太飯後總是習慣午睡，我自己不喜歡那樣。」瑪莉表示要留下幫忙洗碗，於是我們三個走出小木屋，再次回到了海灘。

我發現沙灘那頭有兩個穿工作服的阿拉伯人走了過來，我瞄一眼雷蒙，他跟我說：「就是他。」我們繼續前走，沒多久他們已經靠得很近，雷蒙低聲說：「要是真打起來，我來對付那傢伙。馬頌，你負責另外一個。莫梭，如果他冒出第三人，那就留給你。」我說了聲「好。」隨著我們一步步向前，和阿拉伯人之間的距離不斷縮短。就在相差幾步的地方，阿拉伯人停了下來，雷蒙直接走向他的對手，動手給了他一拳，隨後大聲呼喚馬頌，馬頌迎向自己負責的那一個，出盡力氣揍

了他兩下。雷蒙把對手打得滿臉是血，轉頭對我說：「你看我怎麼修理他！」我驚呼：「小心，他手上有刀！」太遲了，雷蒙的手臂和嘴巴瞬間各多了一道口子。

雷蒙說他的傷口並不深，走到醫生那裡沒問題，便跟馬頌一起離開，吩咐我留下來跟女士們解釋事情的經過。看到馬頌太太嚇得哭了，瑪莉臉色發白。

過了好一會，我們又去沙灘透透氣，走了一段很長的時間。熾熱的太陽壓得人抬不起頭，強光碎成一片片散落在沙灘和海面上。我們來到沙灘盡頭，又見到那兩個阿拉伯人。雷蒙按著藏有手槍的口袋向我問道：「我一槍斃了他？」我怕激動他怒氣，改口道：「他還未給你說過半句話，這樣開槍不夠光明正大。」雷蒙考慮後說：「好、那我要狠狠罵他兩句，等他回嘴我就斃了他。」我跟雷蒙說：「把你的手槍給我，跟他一對一單挑。要是多一個人來插手，或是再拿出那把刀子，我就斃了他。」

忽然，阿拉伯人向後退，溜到岩石後面，消失不見，我和雷蒙不再追究，走回小木屋，跟女士們說笑也提不起勁，天氣實在太熱，我決定轉身走回海灘。遠遠地，我看見那一小堆黑色岩石襯著水面反射的陽光。我想起岩石後面清涼的水流，當我走近時，才發現雷蒙的死對頭也來了。他一個人，後腦杓枕著雙臂，躺在岩石邊。他一看到我，微微挺起身子，手伸進口袋裡，我的直覺反應當然是抓住外套口袋裡雷蒙的手槍。我想過只要轉身回走，事情就會畫上句號，可是身後熱氣沸騰的海灘讓我舉步維艱，我朝水流的方向移動。

　　我跨步出去，阿拉伯人馬上亮出刀子，抵住我的前額，我眉毛上的汗珠終於落下，覆蓋在眼皮上。一時間我什麼都看不見，握槍的手猛地一緊縮，扣了板機，我毀掉了沙灘上的平靜安詳和我曾經在此擁有的快樂。我又朝那躺在地上毫無動靜的軀體連續開了四槍，子彈深陷人體不見蹤跡。這四槍彷彿短促的扣門聲，讓我親手敲開了通往厄運的大門。

　　第二部：法官和我在座位上安頓好後，審訊便開始了。首先，他說我在他人的印象中是個沉默寡言、性格內向的人，想知道我有什麼看法。我回答：「那是因為我從來都覺得沒有什麼好說的，所以寧可把嘴閉上。」

第一章　不相信上帝

　　我被捕之後，立即接受了好幾次偵訊，不過那只是些關於身分的例行訊問，時間都不長。一開始他同樣先詢問我的姓名、住址、職業、出生地和日期。

　　律師到監獄來看我。他身體矮胖，年紀頗輕，頭髮疏得很是服貼。他在床上坐下，向我解釋警方稍微調查了我的私生活，知道母親不久前在養老院過世，因此他也到馬悍溝訪過。那裡的人說媽媽葬禮當天，我表現出「無動於衷的態度」。並問我那天是否曾感到喪母之痛。我坦言自己已經不大有自省的習慣，因此很難回答，每個常人多多少少曾盼望自己所愛的人死去。

　　聽到這裡，律師打斷了我的話，顯得很不安。我繼續嘗試對他解釋，生理上的因素經常會對我情感上的反應造成妨礙。媽媽下葬的那一天，我非常疲憊，只想倒頭就睡。他署作思考後，問我是否可以說當天我壓抑了內心情感，不讓它流露出來。我回答：「不行，因為這不是事實。」

　　律師走後沒多久，我又被帶到預審法官那兒。時值下午兩點，室內很悶熱，法官說我在他人的印象中是個沉默寡言……，我說因沒什麼好說後，他還是堅持要我描述那一天的經過。於是又把上次跟他講過的內容重述一遍：雷蒙、沙灘、游水、打鬥，再次回到沙灘、流水、太陽光和開槍擊出五發子彈。

　　沉默了一陣子後，他又問我愛不愛媽媽。我回答：「當然，跟所有人一樣。」法官想知道我那五槍是不是連續擊發的。我稍微思考後，說明我先開一槍，隔幾秒後才繼續開另外四槍。又再問何以對倒地的人繼續開槍？我無言可說。

　　他猛然起身，大步走到辦公室另一頭，打開文件櫃的抽屜，取出一只純銀耶穌像十字架，舉著它朝我走來，以幾乎顫抖的聲喊道：「你知道祂是誰嗎？」我說：「當然知道。」他站直身子問我信不信上帝。我的回答是否定的。

　　他把耶穌推到我眼前，有些失去理智對我喊道：「我是個基督徒，我請求祂原諒你所犯的過錯。你怎能不信祂曾為你受難？」他連續：「我從來沒見過像你這樣頑固的靈魂。來到我面前的嫌犯，沒有一個不在這個耶穌受難像前掉淚的。」

第二章　憶舊忘憂

　　我被拘捕的當天，跟其他幾個囚犯關在同一間牢房裡，其中大多數是阿拉伯人。他們教我把睡覺用的蓆子從一端慢慢捲成圓筒狀好當做枕頭。整晚都有臭蟲在我臉上爬來爬去。

　　有一天，我收到瑪莉的來信，（信裡寫到她沒法來看我，因為她不是我的妻子。）那天就在抓著鐵窗欄杆伸長脖子欣賞外頭陽光普照的景致時，獄卒進來說我有訪客。我猜想是瑪莉，果然是她。她穿著條紋洋裝，可可色的肌膚一如往常。我這一頭共有十幾名囚犯，多是阿拉伯人。瑪莉周圍是些摩爾人，不停地比著各種手勢。由於柵欄間隔了一段距離，相互必須高聲才能彼此溝通。瑪莉努力朝我擠出笑容，我覺得很美，卻沒想到該對她表達讚美之意。

　　瑪莉喊著告訴我，雷蒙要她代為向我問好，我回答「謝了。」因為她總是微笑著，我只看到她潔白閃亮的牙齒和眼角的笑紋。這時她又叫道：「你會沒事的，等你出來我們就結婚！」

　　沒菸抽可能是讓我沮喪的一件事。我從床板拔下小塊木片含在嘴裡吸吮；一整天，焦躁地踱步，不時感到噁心想吐。後來，我明白了這也是處分的一部分。不過這時我已行習慣不抽菸，因而它對我也不再是一種懲罰。

　　我試著在想像中過活，回溯往事種種，再也沒覺得無聊。保存記憶中的清單，每一件家具，每一樣物品，這樣幾個星期下來，去數著我房間裡的東西就能花上好幾個鐘頭。

　　有一天，看守員說我在這裡已經過了五個月，在我看來，這只是同一天在我的牢房裡不斷重演，我也不停繼續同樣的動作來消磨時間。這天、我從鐵盒上端詳我的倒影，覺著即使試著對它微笑，它看起來依舊很嚴肅。我左搖右擺，看著那倒影在我眼裡晃動，但它還是維持著嚴肅和陰沉的表情。

第三章　結論殺人罪狀

　　才過了酷暑，轉眼另一個夏天又到。開庭的第一天，同樣是個悶熱的天氣，早上七點半，我被送上囚車，載送法院，兩個法警帶我進到一個小房間，裡頭有股陰暗的氣息。不一會兒，法警問我會不會「怯場」。我說不會，不僅不會，反而對親眼目睹受害的過程很感興趣。

　　鈴聲響起，法警取下我的手銬，打開門領我走上被告席。法庭裡滿是群眾。我看見對面一排好奇的面孔，一雙雙眼全盯著我瞧，我明白他們就是陪審員。我環顧庭內的每個人，找不到一張熟面孔。我不知他們全是衝著我來的。我問法警說：「來了很多人啊！他們是誰？」法警說：「報社記者。」

　　有記者微笑向我說話：「您知道的，我們為您的案子增加了篇幅。夏天是報業的淡季，最近只有您和弒父案比較值得報導。」我的律師走過來，與我握手致意，並建議我盡量簡短地回答問題，相信他，交給他處理即可。

　　審判長接著宣布將傳喚証人，執達員念出的人名引起我的注意。從剛才看來矇矓、陌生的群眾臉孔中，我看到了養老院的院長和門房、

菲赫茲（母親老相好）、雷蒙、馬頌、薩拉曼諾（老鄰居）和瑪莉，她朝我有些不安地揮了揮手。

這些証人聽到傳喚一一起身離開旁聽席，然後從側門消失。接著開始對我詰問，審判長重複我敘述過的事情經過，每三句就停下來問我：「是這樣嗎？」每一次我都按照律師的指示回答：「是的，審判長先生。」

隨後進行提問，審判長問我為什麼將媽媽送進養老院，我回答是因為我沒有足夠的錢請人照護和治療她。悶熱使我忘了自己身在何方，所為何來，一直到聽見傳喚養老院院長上庭作証，我才回過神來。他首先被問到媽媽是否對我有所埋怨，他點頭稱是。見証送葬過於冷靜，不願見媽媽遺容，不流一滴眼淚，不知媽媽歲數。

之後輪到瑪莉進入証人席。她戴著一頂帽子。我在座位上遠遠想像她胸部酥軟的觸感，還有那令人懷念的噘噘的下唇。她看起來很緊張，陳述她與我曾經是我們辦公室的職員，是朋友，又承認準備要嫁給我，與我發生「關係」，正是媽媽葬禮的隔天。

下一個証人是馬頌，他說我是個勇敢的男子漢。老人薩拉曼諾情況也大致相同，他說我很關心他的狗。回答關於我母親的問題時，他說我和媽媽已經無話可說，我才會把她送到養老院。

終於輪到了雷蒙，開口說我是無辜的，強調後者怨恨的是他，因為他毆打了死者妹妹。雷蒙說我會出現在沙灘上，只是巧合造成的結果。檢察官於是問他為什麼成為悲劇導火線的那封信竟是出自我的手筆，雷蒙說那也是巧合。檢察官加以駁斥，表示整起事件中巧合釀成的莫大罪行已是天理難容。他想知道雷蒙毆打情婦時我沒有介入調

解，是否純屬巧合；我的筆錄中出現一味偏袒單方面的陳述，又是不是單純的巧合。最後他問雷蒙以何種行業維生，當後者回答「倉庫管理員」時，檢察官卻向陪審團表明，証人以拉皮條為業，是眾所皆知的事寔。

最後，檢察官向陪審團宣告：「這個男人不僅在母親下葬後第二天就不知羞恥地放浪形骸，盡情享樂，更為微不足道的理由和一件傷風敗俗的勾當，冷血地犯下殺人的罪行。各位，被告就是這樣的一個人。」

第四章　判斷首示眾

我坐在被告席上，聽到別人談論自己仍是件有趣的事。律師高舉雙臂，說我有罪，但情有可原，要求減刑；檢察官揮舞著雙手，也說有罪，且罪不可赦，不應減刑。後者的論述是我預謀殺人，我跟雷蒙串通寫了那封信，好引來他的情婦受虐待。我在沙灘上向雷蒙的兩個對頭挑釁，結果害他受傷，趁機向他要來手槍，然後獨自一人回到案發地報復。我一如心中預謀的射了那阿拉伯人一槍又連續四槍，是經過思巧後做出的舉動。

「被告是個受過良好教育的聰明人。」檢察官繼續：「你們聽到了他的証詞，他是否曾對犯行表示一點悔意？從來沒有，先生們。審訊過程中，這個人沒有一次為自己不可饒恕的罪感到懊惱。」我對自己的行為確寔不怎麼後悔，但如此猛烈的人身攻擊，還是完全出乎我意料之外。

　　檢察官說他自己曾就近觀察，但沒有任何發現；事實上我沒有所謂靈魂，沒有一點人性，沒有任何維繫人心的道義準則能讓我有所共鳴。我們等了一段時間，審判長用一長段拗口生硬的語句判決，告訴我將以法蘭西國民之名，將我處以在廣場上斬首示眾。

第五章　牧師的探訪

　　我拒絕見監獄牧師，已經是第三次了。我沒話可對他說，也沒一點交談的興致。此時我感興趣的，是逃過整個運作機制，找出無法抗拒的結局是否還有轉圜的餘地。我換到另一間牢房，躺下來看到天空，我一直盯著它不放。我觀察它臉上的隱退變化，看著白日過渡到黑夜，每天就這樣度過。不知道有多少次，我在腦中找尋例子，有哪個死刑犯逃出虎口，在行刑前消失，或是突破警戒線脫身的。

　　當這些想法充斥腦海時，我就會想起媽媽講過有關我父親的故事。我從沒見過他，關於他最清晰的印象也許就是媽媽告訴我這件事：他去看了某個殺人犯的處決，儘管光是動了這個念頭已教他渾身不舒服，他還是勉強去了，結果回來嘔吐了整個上午。

　　我一直思考的還有兩件事，黎明和上訴。不過我盡量控制自己不再去想，躺下來仰望天空，強迫自己專注。當天色有藍轉綠時，我知道夜晚即將來臨。我聆聽自己的心跳聲好轉移思緒。

　　死刑犯一向是在黎明時分押赴刑場，這我早知道。於是，我每晚都在等待這個黎明的到來。我從來不喜歡意外，當有事情發生時，我希望自己是準備好了的。這便是為什麼我每天只在白天睡一會兒，整

夜耐心等候，直到曙光從蒼穹顯現。漫漫長夜裡最難熬的，是那個我預估他們通常在這時執行押送的時刻。一過午夜，我便開始戒備等待。我的雙耳從未聽見這麼多微弱的聲音，又能一一分辨得這麼清楚。

　　我又一次拒絕監獄牧師的來訪。我平躺著。正感覺身體裡的血液規律循環，長久以來第一次想起瑪莉，她有好些時日沒再寫信給我，或許她厭倦了繼續當死刑犯的情婦，又或者她生了病還是過世了。

　　就在這個時候，監獄牧師突然進來了。他坐了一會兒，低頭盯著自己擱在膝蓋上的雙手，接著雙手緩慢地互相摩擦著。他抬起頭面對我說：「為什麼你一再拒絕我的探視？」我回答說我不相信上帝。他想知道我是否真的確定這一點，我說我沒有必要思考這個問題，信不信上帝對我而言並不重要。他直視我的雙眼，這是我非常熟悉的遊戲。他說：「難道你完全不抱任何希望？難道一直以來，你都認為死後自己的生命將完全消逝，沒有什麼會遺留下來？」我回答道：「對。」

　　他說他確信我上訴會成功，但我背負著沉重的罪孽必須設法卸下。據他所言，人類的審判微不足道，上帝的審判才是至高無上的。我卻指出將我判處死刑的是前者，而非後者。接著他問可否親吻我？我回答「不行。」

　　他轉過身走過牆邊，緩慢地伸手順著摸過牆頭背著我有頗長的一陣子。他的存在讓我喘不過氣，令我厭煩。他還想跟我談論上帝，我走向前跟他解釋最後一次，我剩下的時間不多了，不想把時間耗在上帝的身上。

　　「我是站在你這一邊的，只不過你心已被蒙蔽，所以看不出這一點，我會為你祈禱。」他拍拍我的肩膀說。不知為什麼，一股無名火

在我體內爆發開來，我扯著喉嚨對他破口大罵，要他別為我祈禱。我抓住他長袍上的頸帶，將心底湧上的怨氣一股腦兒朝他宣洩。這時看守員出現，將我從牧師身上拉開，並警告我勿生事端。他反過來安慰他們，並望著我好一會兒沉默不語，眼中滿是淚水。最後掉頭離去。

三、結語

本書《異鄉人》麥田出版，初版 2009 年 9 月，書底頁設有「讀者回函卡」，涵蓋多面項目，我將其中優點：（一）、內容符合期待；（二）文筆流暢及（三）版面、圖片、字體安排適當外，並在「您對我們的建議」後填：譯者張一喬先生，國學造詣精湛，語句圓潤，對話貼切，無文字之間隔，仿若不是另一種文字（法文）轉譯的，表現可圈可點。

我購了這本書，在一個月之內斷斷續續的讀了三遍，又讀侯文詠所寫《沒有神的所在》：私房閱讀《金瓶梅》，始著手寫此札記，若算寫時邊讀邊記，應有四遍之多。以原著約八分之一的文字，濃縮再濃縮，希望不失原作之本意。原書分第一部、第二部，前者再分 1—6；後者再分 1—5，未列提要。我為段落清楚及醒目起見，改成章並加題目，使人一看了然。

「堅持『我不是存在主義者』的存在主義作家卡謬」標題見於本書扉頁。在行文中，作者以如椽大筆，盡其全力，揮棒對世道的背叛，對宗教的攻伐，對牧師的鄙棄，都給人以鮮明難以磨滅的印象。

　　何謂「存在主義」？依辭海的最新注釋：以為吾人乃生存於無目的之宇宙中之一個體，故當掌握個體真正之自我，反省盲從而注重內在之自由意志，然後個人須負自由行動所生後果之責。

2009 12 30

迅捷的急才

一、鍾氏兄弟

鍾毓、鍾會少有令譽，十三歲時魏文帝曹丕聽到此事，便對他的父親鍾繇說：「讓你的兩個兒子來！」於是下令召見。鍾毓的臉上有汗水，文帝說：「你的臉上為何出汗？」毓回答說：「恐懼而驚慌，汗出如水漿。」又問鍾會：「你的臉上為何不出汗？」會答：「恐懼而戰慄，汗不敢出來。」

這兩兄弟七歲時，值父親午睡，共偷服藥酒。其父已察知，且裝睡看個究竟，見毓拜而後飲，會飲而不拜。既而問毓何以拜？毓說：「酒以成禮，不敢不拜。」又問會何以不拜？會說：「偷本非禮，所以不拜。」

二、阮籍神筆

阮籍、字嗣宗，志氣宏放，博覽群籍，尤好莊、老之學。嗜酒、能嘯、善彈琴。曹爽召為參軍，以病辭，及爽被誅，時人服其有遠見。司馬懿給以官，以天下多變，無心為政，以酣飲為常。司馬昭欲為子炎求婚，籍沉醉六十日，不得言而止。鍾會欲置之罪，皆以酣醉獲免。

　　魏朝封司馬昭為公，昭再三拜讓，不肯接受。司徒鄭沖便派人請托阮籍寫一篇勸進文。那時阮籍正在袁準家，當他被扶起來的時候，臉上還帶著昨晚的醉意。鄭沖的使者說明來意以後，阮籍便帶著醉落筆直書，文不加點，立刻交付使者，時人稱之為神筆。

三、袁宏倚馬可待

　　袁宏，字彥伯，少有逸才，文章絕美，為謝安參事，又為桓溫記室。所著〈詠史詩〉、〈三國名臣頌〉，世稱其美。桓溫北征，袁宏隨侍在側，因出言不遜，得罪桓溫，便被免職。但桓有次急需一篇告示，便又立刻喚袁宏前來，命他倚在馬前寫作。袁手不停揮，如流水行雲，一下子便寫成了七頁。王珣在旁看了這一篇文，也不得不歡息他的捷才。

　　袁後自吏部出東陽太守，時賢餞行，謝安以一扇授之曰：「聊以贈別！」宏應聲答曰：「定當奉揚仁風，慰彼黎庶（百姓）。」時人歡其急才。治後漢書，經他刪修去穢除雜，世所欽佩。

四、王楨之胸有成竹

　　桓玄，做太尉，大會朝臣。眾人剛坐定，桓玄便問王楨之：「我與你七叔如何？」

　　王楨之是王徽之的兒子，他的七叔是王獻之，書法與父王羲之「伯仲之間」之人。當桓玄這樣突兀一問的時候，眾人無不屏息，暗暗為

楨之捏一把汗。王楨之卻徐徐答道：「家叔是一時之標，公是千載之英，豈能相比！」四座為之欣然。

五、陳元方責父友

陳太丘與朋友約好出遊，時間定在日之正午。午時過了，太丘離去，友後始至。

元方時七歲，在門外遊戲。客問元方：「令尊在否？」元方說：「待您許久，已經走了。」太丘那朋友便很生氣，說：「真不是人啊！同人家約好出門，卻丟下人家走了。」元方說：「您同我父親約在正午。正午您沒來，就是不講信用。對著兒子罵父親，就是沒有禮貌。」那朋友感到慚愧，下車來拉他，元方進門去連頭都不回。

六、王勃即席作序

王勃字子安，六歲善文辭，麟德初年對策高中，後為虢州參軍。恃才傲物，坐事除名。父親福時因坐勃故，降調交趾（現越南）令，勃往省事，渡南海，墮水卒，年二十九歲。

初、勃以省父道經南昌，會九月九日都督閻伯嶼宴客滕王閣，勃即席作序，伯嶼歎為天才。勃為文，先磨墨數升，酣飲引被臥，及醒，援筆成篇，不易一字。是謂腹稿，是初唐四傑之首。

七、結語

　　綜上所述，除最後的王勃外，均見於《世說新語》這一典籍之中。它也稱「魏晉異聞」，文字鮮活，敘述有次，舉凡人世生活中的各種面貌無不具陳，項目類別，指不勝屈。類於稗官野史，是許多人愛讀的一部好書。

　　急才源自智力，是先天遺傳與後天環境，二者交互作用所發展出來的能力。秉性聰慧，家庭教養有方，力學不倦，博聞強記，自會腹笥充盈，下意識中含有各種智力潛藏於不自知，得遇機緣碰觸推擠激盪，發而不可收拾，下筆不能自休。

　　阮籍的勸進文，袁宏的倚馬書，王勃的〈滕王閣序〉，莫不如此。

文章的品題

一、左思

話說左思寫〈三都賦〉，構思十年始行定稿，在初完成的時候，卻受到許多當時文士的譏評，使他很是懊惱。

後來他把這賦出示給張華看，張華說：「你這賦可與班固的〈兩都賦〉，張衡的〈二京賦〉鼎足而三，可惜你還沒成名，你的文章也不會受人重視。你應當請高名之士為你品題，才能增高身價。」於是左思便去造訪西州高士皇甫謐，請求代為揄揚。皇甫看後大為歎賞，親自替他作序。從前譏評這賦的人，就對左思五體投地了。

張華時任曹魏朝的司空，是一個有地位名望的人。他曾讚賞陳壽著的《三國志》，舉陳為孝廉任佐著作郎，出補陽平縣令。由而陳壽與《三國志》都垂名千古。

按〈二都賦〉東晉張衡作，包括〈西京賦〉、〈東京賦〉兩篇，分述漢代西京長安，東京洛陽的盛況。左思的〈三都賦〉，包括〈蜀都賦〉、〈吳都賦〉、〈魏都賦〉三篇，描繪三國時益州蜀都，建業吳都，鄴魏都的繁華富麗。

二、庾闡

庾仲初（庾闡字仲初）九歲能文，寫成〈揚都賦〉之後，呈送給庾亮看。庾亮出於同一宗族的情意，給他極高的評價，說：「這篇賦可以同〈二京賦〉並列「三京」，同〈三都賦〉並列「四都」。

庾亮於晉成帝時任中書令，後任征西將軍，地位聲望，盛極一時，經他如此吹噓，風行草偃，人人爭相傳抄，京都的紙也因此而貴了起來。

這稱「都下紙貴」。左思的〈三都賦〉經皇甫謐題評，群起爭謄，紙的供應吃緊，「洛陽紙貴」成為當時景象。

三、劉勰

《文心雕龍》是中國名著的一部，作者劉勰是魏晉後南北朝的山東人。史載他早孤，篤志好學，家貧不婚娶，與沙門僧侶一起過活，潛心詩書，積十餘年，遂博通經論，利用編輯序錄定林寺經藏的心得，著成此書。

書成，未受時人重視，他卻有十足的自信，想請沈約評鑑。約時顯貴，累官司徒左長史，劉求見無門，難以自達，乃負其書候約出，晉謁於車前。約命取讀，大重之，謂深得文理，常陳諸几案讀閱。它是一本中國最早的「文學批評」，劉由此而聲名大噪。

四、李白

「今天下以君侯為文章之司命（司令），人物之權衡（評比），一經品題（薦舉），便作佳士（成名）。」這是李太白〈與韓荊州書〉中的名句。真是一語中的。

文章能否傳世，本身的結構論述固極重要，但還是要有人揄揚贊頌，才能完成的。

張愛玲的著作享譽文壇，然有此成果，寔得力於夏志清教授的大力推薦。文章須品題，古今皆然。

愛心廣被

一九九九九二一　　晨早一時四十七
七點三級大地震　　台灣中部最嚴重
死亡人數逾二千　　屋毀樓垮難計算
我住的是老眷村　　低矮瓦頂木作柱
地正好是斷層線　　車籠埔到南投縣
木柱互搆有力量　　劇烈扭動不曾傾
箱籠櫥櫃全倒地　　屋內兩房難相通
後門鑽出前門入　　幾經周折到妻房
相偕攙扶至屋外　　避難車上度寂夜
傳來震央是埔里　　破近一百年歷史
災傳驚傳全世界　　星日韓美來救援
民眾不敢再住宿　　相率空曠架帳篷
水停電缺艱難度　　政府悉力作救助
遍建簡易組合屋　　安置失家的災民
亦建組合屋學校　　學生有處可受教
上下同心齊協力　　終幸安渡此劫難

　　上開的十六聯二百二十四字，似是雜燴的打油詩，是我讀了
「〈Loving—921〉愛的行動徵文」後寫成的。

　　回首當時搖晃撕裂，燈光熄滅，人在床上被簸篩，劈瀝巴拉直衝耳鼓，意識到是強烈的地震。雖未心膽俱裂，卻也十分驚恐。

　　我住台中竹仔坑，是斷層線所經的地面，壓逼隆起二公尺的地龍，穿山越河，無堅不摧，原中興新村側近的青翠九九峰，土石裸露如禿頭，像是戴上了黃帽子。政府下達『緊急令』，恤死救災，國內國外，解囊輸將，愛心廣被，做了一次漂亮的見證。

湛江六日行

　　「2009 年雷州半島閩南文化交流活動」，台灣分別由南北各組一隊參加，成員為專家學者。南部二十五人，從高雄飛澳門轉汽車抵達；北部十六人，從桃園至深圳，轉廣州飛至，十一月十三日傍晚同抵湛江。十九時在當地的新大天然酒店晚餐，湛江台灣事務局請客。飯後住雷州市宿於園中園迎賓館。

　　十四日早，於迎賓館三樓大廳舉行文化交流，掛上「熱烈歡迎上級領導及台灣專家學者參加閩南文化交流活動」的紅底白字橫幅，來自中國中央，湛江、雷州市府的重要幹部冠蓋雲集，齊聚一堂，致歡迎詞，專題演講當地人陳瑸（1656-1718），清康熙三十三年（1694）舉進士、翰林院編修，歷任福建古田、台灣知縣，湖南巡撫、福建巡撫、閩浙總督等職。一生清正廉潔，勤政愛民。對台灣的治理，尤有卓著的貢獻。

　　下午的贈送書畫，是北部學者在台寫好，畫好攜往的。我近出版《步到旅途邊緣》新書十本，也由領隊轉送。書法家、畫家當場揮毫，各據一方，參觀者來來往往，人潮如湧，不少即席懇求贈送。畫牡丹擅長的老師黃素梅女士最辛苦，因畫得出色，索求者眾，返回旅邸仍畫至深夜。以應熱情者的要求。

　　十五日上午八時起，我們團要出發參觀雷祖祠、陳瑸故居、雷州碑廊、雷州博物館等，我們經過之處，前有公安開道，指揮交通，後

面專車護送。我們到陳瑸故居及碑廊時，附近村莊的居民，大大小小，老老幼幼擠在一處，以我們為參觀對象，似像得睹台灣來的貴賓，無限榮寵。

秋盡冬初，野外的水稻都已收割，一束束的禾梗留在田上，顯示了另一番景色。碑廊字碑琳瑯滿目，豎立佔滿一大片走廊。「海到無邊天作岸；山登絕頂我為峯。」特別顯眼，我與林璧芬、李紫雲二位學姊照了一幀。

雷州石狗是雷州人的圖騰，特設「石狗陳列館」，刻有〈歷史悠久，千姿百態；底蘊深厚，舉世一絕。〉的橫幅置於館前。

十五日下午共往雷州半島的最南端，與海南島海口遙遙相對，設輪渡碼頭，火車、汽車乘船渡海。渡輪是一艘高大三層吃水深的大船，底層設軌道載渡火車，中、上層渡汽車，均有各自的通道，使大陸與海南島可直接連接，是前人作夢想不到的。據謂他們已在計畫，將建跨海大橋通過瓊州海峽，直達海南。以現有的科技及他們的旺盛企圖心，想在預見的將來便可做到。

十六日上午參觀湛江海洋大學新校區，赤坎、金沙灣觀海長廊。下午乘坐"紅嘴鷗"到湛江港覽勝，特呈島渡假村遊賞。我未隨隊前往，原因是約好和故鄉家人會面。那天，孫子女、孫媳五人、曾孫二人，租了一部廂型遊覽車前來。我老家離湛江 200 公里，兩小時多的車程尚算方便。

廣東省在明、清時代，分設十府，有上六府與下四府之稱。下四府是粵南之湛江、吳川和我信宜縣都屬高州府。這次行程我說是回返故鄉，是有所本的。

　　我上次回去，是民國九十五年端午節，距今三年多了。我之所以
參加這次的文化訪問團，冒充「專家學者」的身分，是希望藉此與老
家人會聚一下。我年近九十，隊中最老，有勇氣單獨個人參加，是自
信體力尚可，行前曾請教三軍總醫院主治醫師，他肯定我可前去。

　　到達湛江的第三天，忽然寒流來襲，所帶衣服不多，也幸好家人
來訪，孫媳不由分說，為我添購了夾克和衛生衣褲，始免受寒苦。

　　十七日上午，南部團依來時路線返台，我們訪問史逾百年的「湛
江師範學院」，舉行座談、參觀校園外，並展開書、畫揮毫，地點是該
校美術學院綜合實驗樓的八樓大教室，適巧電梯故障，我們只好拾級
而上。因樓層過高，陡度又大，有人不想上去，我鼓勵再三，攙扶同
行，卒能順利到達。

　　下午至吳川市拜訪，人物薈萃，代出賢能，話說是風水最好。清
代曾出一位狀元，也是我國首任美國公使陳蘭彬的故居。民國三十年
代的李漢魂省主席（省長）即是當地人。出外打拼不忘本，發達有成
就都會返鄉回饋，繁榮地方。「蛤嶺」的「蛤」是蟾蜍，「嶺」是最佳
寶地，建有新農村示範場，全電器化，供外來的訪遊參觀。

　　這日是我們蒞湛江的最後一日，晚飯由吳川市府宴請，市長率同
相關人員出席，隆情盛意，歷久難忘。

　　湛江位於中國大陸最南端，廣東省西南部，處在粵桂瓊三省（區）
交匯處。全市面積 1.3 萬平方公里，人口 730 多萬，現轄雷州、吳川、
廉江三市，徐聞、遂溪二縣，赤坎、霞山、坡頭、麻章四區，擁有一
個國家經濟技術開發和五個省級經濟開發實驗區。

　　六日之行，「雷州半島閩南文化交流活動」成果豐碩，接待我們的
單位親切熱情，極具誠意，對我們的生活行動，都顧慮細密，準備周
詳，服務無微不至，真是賓主盡歡。

　　帶領我們的團長陳冠甫博士，是大學名教授，我們台北市「長青
學苑」（老人大學）詩詞班老師，國學修養深厚，對雷州半島的文化歷
史做過深入研究，主持會議，即席演講，當眾揮毫，都表現得盡善盡
美。令人敬佩。

　　北部隊的十六人中，我們詩詞班的超過半數。陳世祿老師是攝影
專家，備有獵取各種影像的機具，置滿於其不離開身的大背包中，隨
著活動逐一拍攝，早朝昏暮，不放過任何一珍貴鏡頭。宿雷州、湛江，
我都與他同住，為人謙恭客氣，對我處處禮讓，使我銘感五中。

　　陳衛曾書法大家，筆名夢園，是台北市書學會理事長，政治大學、
台北商專等書法社老師。「步歐陽詢之體勢，循王羲之、趙孟頫之筆
法」，卓然成家，聲譽早著。夫人周貞女史是畫家，新近出版的《陳衛
曾行書詩詞專集》，封面繪荷，雙鳥依偎，出自女史之手，相得益彰。
他湛江行各地揮大筆，莫不相交讚賞。

　　上文已述及之黃素梅老師，返回台灣，索畫者仍函電交馳，她摸
黑趕早，悉力以應。這次偕夫婿方熏之將軍同往，舉凡步動行程，必
皆牽手同行，相依照應，鶼鰈情深，見者稱羨。

　　班長丘熏將軍，行前收集當地資料提供，臨行親送祝福，關懷備
至，至深感謝。

　　於多日的活動中，拜識多位學者，尤使我獲益良多。李瑞泰秘書
長對《紅學》有極深的造詣，其著作被稱為《百代紅學允獨步》，書坊
行銷，備受稱譽，得能識荊，至感榮幸。

　　我因探親經臨此地多次，目下跟往昔判若天壤，高樓大廈林立，街道筆直寬闊，路上整潔乾淨，紫荊滿城開遍。鬱金香在寒冬中燦然綻放，都給人以極好印象。

　　巴金遊台灣，曾有「南國芳香，使人陶醉。」之句，我旅次湛江，深有此感。

2009/11/24

補記：十二月三日詩詞班上課，陳老師將本文逐句宣讀，不次以細節補充。陳世祿與陳衛曾二位原文未敘及，師說要添加上才算完整。

　　　吳川市除文中說的外，尚有「中國羽絨之鄉」、「中國塑料鞋之鄉」、「中國民間藝術之鄉」、「全國歷史文化名鎮」、「廣東建築之鄉」及「廣東粵劇之鄉」等稱謂，真是個好地方。

　　　李瑞泰先生的《紅學》大著，師為他曾作過萬言序，文與序雙璧具呈，交相輝映，益增其聲價，該書是可以長留下去的。

2009/12/04

【附錄1】俟諸來日

　　《步到旅途邊緣》收悉，謝謝。沒想到這竟是先生的第十一本書。您以望九高齡，尚如此努力寫作，誠為難得。

湯雄飛 20090729

　　地球旅途，並無邊緣，循環而作，豈有止息？人生旅途或有段落，吾兄身體健朗，寫作生涯，可望封筆於百齡之外，讀者之一，心香禱之。

汪希 20090730

　　大作初步看了一部份，內容豐富，有文學、歷史、地理、哲學，是綜合性的札記，也是多方面的知識與學問。我敬佩吾兄追求知識的熱忱，也感受吾兄學養的淵博。

洪作賓 20090730

　　《步到旅途邊緣》新作，好文章當細讀之。

　　日子飛快，年又過半。歲數大了，無病即福，可真是也。能走能動，自己做自己，不勞別人，才不會惹人厭！

白國材 20090803

　　您真是老當益壯，大作一本本接著出版，使人羨慕。四年前您寄來文稿，雖未能為兄寫幾句話，但對我之啟示甚大。因以兄為榜樣，我又提筆寫作。

柴扉 20090807

　　王文興《家變》，受顏元叔、林海音、朱西寧、歐陽子、羅門、張系國、張漢良、劉紹銘等八人肯定，於再版時語綴前端。我的《步到旅途邊緣》，蒙教授、名家、學者、作家期許一如前述，先揭於此，俟諸來日。

【附錄 2】讀《步到旅途邊緣》

陳躍

讀罷《步到旅途邊緣》有好些心得。

開頭兩篇文章是對童年中故鄉的一些趣事，人文風情進行回顧，如生意伯的生動活潑，躍然紙上，令人感到鄉村生活的樂趣。

在〈吃拜拜記〉一文提到「我們同居鄉下，但我因住在一個大的眷村中，生活習慣與人情風尚，大都保持大陸故鄉的原有色彩。跟附近的人來往相處，水乳交融，和諧友愛。」所謂吃拜拜，同我們這邊鄉下的「吃禾了」的風俗也極其類似，每當農村收割完稻谷之後，辛苦一年的農民就要舉行慶祝豐收的儀式，呼朋喚友，親自下廚，宰殺雞鴨魚豬，請親友共慶豐收，期望來年更好。隨著經濟社會的發展，好些青壯年外出打工，剩下的老人及兒童留守家中，這些風俗習慣已逐漸變淡了。

所謂「習慣」，乃是經年累月持之以恒，堅守的一種生活或工作方式，在〈習慣成自然〉一文中提及的「早睡早起精神好」，作者今日有如如此好的身體正是得益於數十年如一日的良好習慣。

由於工業發展急速提升，隨之而來的環境污染亦給人們帶來了各種疾病，〈一年能吃幾回雞〉雖然是緬懷過去艱苦生活中一年難得吃到幾次雞的苦況，當年的物質生活儘管是極度的缺乏，但人們的精神生活未必比現今社會差。

　　〈三度應考記〉一文正是切合現今我們大陸所提倡的建設學習型社會一致的目標。文中提及，作者高中畢業就從軍，在民國時代，能出一個高中生，算是學歷比較高的了，但為策勉自己，去除惰性，決定參加全國性高等「教育行政」考試，以作為奮鬥的目標。當時應該是四十出頭了。古人云，人到四十而不惑，正是中年的時候，能提出參加高考，可見要下的決心及勇氣非一般人所能及也。

　　〈一位教授之死〉，是從辛國冬教授一家的日常工作生活進行描述，以及同事鄰居間的關係，感情的糾葛，反映在眷村的各式人等的生活，簡直是當時台灣眷村真正民生生活的寫照。

　　台灣眷村，孕育出大量名人：李安、楊德昌、林鳳嬌、胡慧中、胡因夢、王祖賢、璩美鳳、胡一虎、龍應台、劉若英、鄧麗君、林青霞、張艾嘉、趙傳、張雨生……，曾多為當今台灣文化的重要組成部分。

　　去年有一火爆大陸的台灣戲劇叫「寶島一村」，所引發的話題都有其公共性，因為這「光陰的故事」中，不僅有名人、美食和政治，還有更重要的，是斷不了的兩岸親情。

　　曾經有台灣一報社記者講述，他說他從小就住在眷村，因此與全村的人都很熟，他仔細注意觀察，在眷村中凡是大人喜歡打牌賭博，口德不修，操守欠佳，甚至貪瀆犯法的人家，不僅常鬧得雞犬不寧，家庭破碎，甚至傾家蕩產身敗名裂。

　　反過來說，如果父母安分守己，奉公守法，勤儉持家，教子有方，操守清廉，甚或暗中助人，熱心公益者，則其家庭不僅父慈子孝，事事順利，經常一團和氣，享受人倫之樂，而且其後代也似比較出眾，成就也比較大。如果有機會去台灣一遊，將去老眷村探訪一下，以作後來沉思。

在〈回學校拜年〉文中提到，乘坐高鐵快車，體會一下最新科技的產物，高鐵與原來台鐵最大的不同，當然是時間較快，台北至台中，原最快的自強號時逾二小時，高鐵不足一點鐘，每排多一個座位，較寬敞，仿飛機面前置活動小卓面，方便人閱寫用餐。速度在車上沒感覺，平穩似勝台鐵一籌。高鐵 1998 年啟動計劃，2006 年 10 月 31 日通車。

大陸的高鐵，第一條通車是武漢至廣州，武廣客運專線為京廣客運專線的南段，位於湖北、湖南和廣東境內，全長約 1068.8 公里，2009 年 12 月 26 日正式營運。

〈愧不敢當〉談及在中興大學任職時，農藝系轉中文系一學生成績不佳，幾乎要退學，作者了解狀況後，不但無歧視之心，反為之出謀劃策，指導其課程修習，帶她去導師處懇談，也陪她去有關鍵主科教授辦公室拜訪，結果起死回生，達到領取「文學士」之素願。正是這一熱心真誠待人之義舉，以致其父及家人在此後二十多年逢中秋、春節一直不斷致以恭候之意。

由此可以想到，我亦在教育界中任職，每逢在班中遇上差生整天調皮搗蛋，無心向學大為頭疼不已，對之的教導耐心漸漸消失，由文中經歷可借鑒之。對待差生，我們應該採取的態度是：在此借用大陸 08 年火爆熱劇《士兵突擊》主角許三多說過的話，「不拋棄不放棄」為正道。對待差生亦應有針對性進行教導，關愛.以熱心待人，即使效果不大，必也能使之明白到在社會中要做一個自吃其力的有用之人。

在〈老兵憶往〉二帖所言的與人為善，很值我們效法。而〈三度應考〉所講的「時近十年，孜孜不倦，全神集中，苦讀鑽探於從未涉

獵過的學門，心無旁騖感受有意想不到的收穫」，正是失之東隅，收之桑榆。

作為國民黨的一名老兵，在〈我的人生旅途〉中詳細回憶了一個去台灣的老兵的故事，從抗日救國參軍，到國共內戰，一直打到海南島，乘船過台灣，加入 63 師駐防馬祖，先參加金門「八二三」炮戰，儘管在軍營中任職，但一直未放鬆學習。進入中興大學服務，利用假期，筆耕不輟，出版文集十餘部，徵文獎每有收穫。身教言教，大孩子念法律，任職於海關，小的讀工程，一手完成台北港的開港建設，為社會國家做出了貢獻，各有所成。

文中最後講到「三日不讀書，面目可憎」，是活到老、學到老的典範。而「每見到好的作品，都剪下寄給兒子或孫子」，又引曾文正公「耕讀傳家」名訓作為家教，以「教育是最好的投資」勉勵後輩，都深深值得借鑑。

補充一下曾文正公事迹：

曾國藩字伯函、號滌生、諡文正。職務：總督、太子太保、大學士、一等勇毅侯。

湘鄉曾家累世務農，是典型的耕讀世家。堂屋神龕兩側對聯云：「奉祖宗一炷清香，必誠必敬；教子孫兩條生路，宜耕宜讀。」

曾文正公治家八字：書、蔬、魚、豬、早、掃、考、寶。即讀好書、種好菜、養好魚、餵好豬、早起床、勤打掃、作祭祀、善待人。八個字包括四個方面的內容，也即讀書、耕作、孝友、睦鄰。

曾公家訓，寔在樸寔，字字珠璣，句句在理，教育就是最好的投資，值得我們好好學習。

　　第二輯「讀閱拾掇」，計有十篇，是讀後的心得體會，使人敬佩。《人間四月天——讀梁從誡的【林徽音】文集》，摘其中一段：

　　我說你是人間的四月天

　　笑聲點亮了四面風，輕靈

　　在春的光艷中交舞著變

　　你是四月早天裡的雲烟

　　黃昏吹著風的軟，星子在

　　無意中閃，細雨點洒在花前

　　那輕，那娉婷你是，鮮妍

　　百花的冠冕你戴著，你是

　　天真，莊嚴，你是夜夜的月圓

　　雪化後那片鵝黃，你像新鮮

　　初放芽的綠你是，柔嫩喜悅

　　水光浮動著你夢期行中白蓮

　　你是一樹一樹的花開，是燕

　　在梁間呢喃——你是愛，是暖

　　是希望，你是人間的四月天

　　我 1997 就讀於茂名教育學院計算機系，兩年後的 1999 畢業分配到鄉下的頓梭中學任教，在任教過程中，繼續參加本科函授，2000 年考上湛江海洋大學計算機科學系，邊工作邊讀書。2005 年參加成人高

等考試，考上茂名學院土木工程學系。2006 年廣東高州市建築工程總公司深圳分公司缺員招考，我考取了，辭原來教師公職，到深圳任建築工程管理工作。2007、2008 年連續兩年參加全國二級建造房屋建築專業考試，2009 年取得建築師証，計劃 2010 年再參加全國一級建造師考試，以求工作機會得以上升到新的台階。

　　　　　　　　　　　　　寫於廣東深圳　　　20100306

　　附記：原文超過 10,000 字，經編幅縮減為約 3,000 字。閱讀原作，乃我的《步到旅途邊緣》一書的讀後感，是經過一番思慮寫成的。作者陳躍老師，勤奮向上，憑努力進修考試而力爭上游，是一位令人尊敬的青年人。

語言文學類　PG0460

閱覽箚記

作　　者 / 李榮炎
　　　　　02-2766-1816
　　　　　105 台北市松山區新東街 15 巷 1 號 3 樓
責任編輯 / 林泰宏
圖文排版 / 陳佳怡
封面設計 / 蕭玉蘋

發 行 人 / 宋政坤
法律顧問 / 毛國樑　律師
印製出版 / 秀威資訊科技股份有限公司
　　　　　114 台北市內湖區瑞光路 76 巷 65 號 1 樓
　　　　　電話：+886-2-2796-3638　傳真：+886-2-2796-1377
　　　　　http://www.showwe.com.tw
劃撥帳號 / 19563868　戶名：秀威資訊科技股份有限公司
　　　　　讀者服務信箱：service@showwe.com.tw
展售門市 / 國家書店（松江門市）
　　　　　104 台北市中山區松江路 209 號 1 樓
　　　　　電話：+886-2-2518-0207　傳真：+886-2-2518-0778
網路訂購 / 秀威網路書店：http://www.bodbooks.tw
　　　　　國家網路書店：http://www.govbooks.com.tw
圖書經銷 / 紅螞蟻圖書有限公司
　　　　　114 台北市內湖區舊宗路二段 121 巷 28、32 號 4 樓
　　　　　電話：+886-2-2795-3656　傳真：+886-2-2795-4100

2010 年 12 月 BOD 一版
定價：240 元
版權所有　翻印必究
本書如有缺頁、破損或裝訂錯誤，請寄回更換

國家圖書館出版品預行編目

閱覽箚記 / 李榮炎著. -- 一版. -- 台北市：秀
　威資訊科技, 2010.12
　　面 ；　　公分. -- (語言文學類 ; PG0460)
　BOD 版
　ISBN 978-986-221-658-3(平裝)

1. 讀書　2. 文集

079.07　　　　　　　　　　　　99020562

讀 者 回 函 卡

感謝您購買本書,為提升服務品質,請填妥以下資料,將讀者回函卡直接寄
回或傳真本公司,收到您的寶貴意見後,我們會收藏記錄及檢討,謝謝!
如您需要了解本公司最新出版書目、購書優惠或企劃活動,歡迎您上網查詢
或下載相關資料:http:// www.showwe.com.tw

您購買的書名:＿＿＿＿＿＿＿＿＿＿＿＿＿＿＿＿＿＿＿＿＿＿＿＿

出生日期:＿＿＿＿＿＿年＿＿＿＿＿＿月＿＿＿＿＿＿日

學歷:□高中 (含) 以下　　□大專　　□研究所 (含) 以上

職業:□製造業　□金融業　□資訊業　□軍警　□傳播業　□自由業
　　　□服務業　□公務員　□教職　　□學生　□家管　　□其它＿＿＿＿

購書地點:□網路書店　□實體書店　□書展　□郵購　□贈閱　□其他

您從何得知本書的消息?

　　□網路書店　□實體書店　□網路搜尋　□電子報　□書訊　□雜誌

　　□傳播媒體　□親友推薦　□網站推薦　□部落格　□其他＿＿＿＿＿＿

您對本書的評價:(請填代號　1.非常滿意　2.滿意　3.尚可　4.再改進)

　　封面設計＿＿＿　版面編排＿＿＿　內容＿＿＿　文／譯筆＿＿＿　價格＿＿＿

讀完書後您覺得:

　　□很有收穫　□有收穫　□收穫不多　□沒收穫

對我們的建議:＿＿＿＿＿＿＿＿＿＿＿＿＿＿＿＿＿＿＿＿＿＿＿＿

＿＿＿＿＿＿＿＿＿＿＿＿＿＿＿＿＿＿＿＿＿＿＿＿＿＿＿＿＿＿＿＿

＿＿＿＿＿＿＿＿＿＿＿＿＿＿＿＿＿＿＿＿＿＿＿＿＿＿＿＿＿＿＿＿

＿＿＿＿＿＿＿＿＿＿＿＿＿＿＿＿＿＿＿＿＿＿＿＿＿＿＿＿＿＿＿＿

11466
台北市內湖區瑞光路 76 巷 65 號 1 樓

秀威資訊科技股份有限公司 收

BOD 數位出版事業部

....

（請沿線對折寄回，謝謝！）

姓　　名：＿＿＿＿＿＿＿＿＿　年齡：＿＿＿＿　性別：□女　□男

郵遞區號：□□□□□

地　　址：＿＿＿＿＿＿＿＿＿＿＿＿＿＿＿＿＿＿＿＿＿＿

聯絡電話：(日) ＿＿＿＿＿＿＿＿＿　(夜) ＿＿＿＿＿＿＿＿＿

E-mail：＿＿＿＿＿＿＿＿＿＿＿＿＿＿＿＿＿＿＿＿＿＿